Hubert
Rechtssicherheit in der schulischen Ganztagsbetreuung

Rechtssicherheit in der schulischen Ganztagsbetreuung

Praxisfälle und Lösungen zu Rechten und Pflichten für Betreuungskräfte im schulischen Ganztag

von

Jens-Reinhold Hubert

Dozent am Studieninstitut POLIS®-Seminare

Kommunal- und Schul-Verlag · Wiesbaden

FSC
www.fsc.org
MIX
Papier | Fördert gute Waldnutzung
FSC® C019821

Die Herstellung bei KSV Medien erfolgt weitgehend digital und in dem Bewusstsein, eine möglichst ressourcenschonende Produktion zu gewährleisten.

Bibliografische Information der Deutschen Nationalbibliothek
Die Deutsche Nationalbibliothek verzeichnet diese Publikation in der Deutschen Nationalbibliografie; detaillierte bibliografische Daten sind im Internet über http://dnb.dnb.de abrufbar.

Satz: metiTec Satzsystem, me-ti GmbH · Berlin
Druck: Druckerei C.H.Beck · Nördlingen

ISBN 978-3-8293-1527-2

Inhalt

Abkürzungsverzeichnis

a. a. O.	An anderem Ort
Abs.	Absatz
Aufl.	Auflage
AG	Arbeitsgericht
AVR	Arbeitsvertragsrichtlinien der Wohlfahrtsverbände
Az	Aktenzeichen
BAG	Bundesarbeitsgericht
BGB	Bürgerliches Gesetzbuch
BGH	Bundesgerichtshof
BGHZ	Bundesgerichtshof in Zivilsachen
BSG	Bundessozialgericht
BVerfGE	Bundesverfassungsgericht
BVerwGE	Bundesverwaltungsgericht
SozR	Sozialrecht
bzw.	beziehungsweise
d.h.	das heißt
f.	folgender § oder folgende Seite
ff.	mehrere folgende §§ oder Seiten
GUV	Gesetzliche Unfallversicherung
KJHG	Kinder- und Jugendhilfegesetz = Achtes Buch Sozialgesetzbuch (SGB VIII)
LG	Landgericht
m. w. N.	mit weiteren Nachweisen
NJW	Neue Juristische Wochenschrift
Nr.	Nummer
NZA	Neue Zeitschrift für Arbeitsrecht
OLG	Oberlandesgericht
Rn.	Randnummer
Rspr.	Rechtsprechung
SchulRecht	Zeitschrift Schulrecht: Informationsdienst für Schulleitung und Schulaufsicht
S.	Seite
s.	siehe
SGB VII	Siebtes Buch Sozialgesetzbuch
SGB VIII	Achtes Buch Sozialgesetzbuch
SozR	Sozialrecht
StGB	Strafgesetzbuch
StVO	Straßenverkehrsordnung

TVöD	Tarifvertrag für den öffentlichen Dienst
Urt.	Urteil
usw.	und so weiter
VG	Verwaltungsgericht
vgl.	vergleiche
VVG	Versicherungsvertragsgesetz
z. B.	zum Beispiel

Literaturverzeichnis

https://www.bmfsfj.de/bmfsfj/themen/familie/kinderbetreuung/ganztagsbetreuung (abgerufen im Oktober 2019)

Böhm, Dr. Thomas Aufsicht und Haftung in der Schule, Köln 2011

Coelen, Thomas/Stecher, Ludwig Die Ganztagsschule, Eine Einführung, Weinheim 2014

https://www.ganztag-nrw.de/fileadmin/Dateien/Materialien/Recht/Haftung_der_freien_Trger_Langfassung.pdf (abgerufen im Oktober 2020)

Hoegg, Günther Die 100 häufigsten Fragen zum Schulrecht. Was Lehrkräfte wissen sollten, Weinheim 2019

Hubert, Jens-Reinhold Schulrecht im Schulsekretariat. Schulrechtliche Fallbeispiele und Lösungen, Wiesbaden 2019

Hubert, Jens-Reinhold/Hebborn, Klaus/Kowalski, Susanne (Hrsg.) Praxishandbuch Schulsekretariat, Köln 2020

Hundmeyer, Simon Aufsichtspflicht in Kindertageseinrichtungen, Köln/Kronach 2015

Langen, Tanja von Arbeitsrecht für ErzieherInnen in 100 Stichworten, Wiesbaden 2020

Langen, Tanja von Wie Sie rechtlich auf der sicheren Seite sind. Die häufigsten Rechtsfragen aus dem Kita-Alltag Freiburg 2010

Langen, Tanja von Die wichtigsten Rechtsthemen für Leitungskräfte, Freiburg 2015

Plehn, Manja Qualität in Hort, Schulkindbetreuung und Ganztagsschule. Grundlagen zum Leiten, Führen und Managen, Freiburg 2019

Otto, Hans-Uwe/Coelen, Thomas Grundbegriffe Ganztagsbildung, Weinheim 2008

Schubert, Jens M./Schaumberg, Thorsten Aufstiegsfortbildungsförderungsgesetz (AFBG)/Berufsbildungsgesetz (BBiG), Wiesbaden 2020

https://www.schulleiter.de/rechtsarchiv/aufsichtspflicht/nachmittagsbetreuung-schule-wer-haftet-bei-unfall/ (abgerufen im Oktober 2020)

Schnurr, Heike Aufsichtspflicht in der Kita. Fragen und Antworten, Köln 2018

Wagner, Yvonne Gut durch den Ganztag: So gelingt die Elternarbeit in Ganztag und Hort: Erziehungspartnerschaft leben-Konflikten vorbeugen-Gespräche gestalten, Mülheim 2019

Wiesner, Reinhard/Grubert, Christian/Kößler, Melanie (Hrsg.) Der Anspruch auf frühkindliche Förderung und seine Durchsetzung. Folgen der Nichterfüllung des Anspruchs, Schriftenreihe der Freiherr vom Stein-Akademie für Europäische Kommunalwissenschaften, Bd. 5, Wiesbaden 2013

1. Vorwort

Dieses Buch entstand auf Wunsch von Seminarteilnehmer*innen des Studieninstituts POLIS®-Seminare: *„Wo kann ich denn Ihre auf dem Seminar vorgestellten Praxisfälle nachlesen?*“, *„Gibt es noch weitere spannende Fälle, die Sie noch nicht genannt haben?“, „Wo finde ich Ihre Praxishilfen?“, „Unser Träger/Schulleitung/Eltern wollen immer juristische Beweise haben, wenn wir etwas einführen und verändern wollen- gibt es hierzu eine Zusammenfassung?“*

Und so sollen die im Buch vorgestellten Praxisbeispiele eine Hilfe für den Alltag und den Umgang mit Rechtsfragen im schulischen Ganztag (GT) sein. In dieser schulischen Betreuungsform sind unterschiedlichste Kräfte eingesetzt: Betreuungskräfte, die als Quereinsteiger*innen die Nachmittagsbetreuung von Schulkindern übernehmen, Betreuungskräfte aus dem Bereich der Jugendhilfe, Trainer*innen von Sportvereinen, Mütter von Schulkindern, die sich bereit erklären, gegen eine relativ geringe Vergütung die Betreuung dieser Ganztagskinder zu übernehmen. Oft fehlen hier elementare Kenntnisse des (Schul-)Rechts. Und dennoch: Jeden Tag müssen diese Betreuungskräfte in unterschiedlichsten Situationen entscheiden, was diese den ihnen anvertrauten Kindern z.B. erlauben dürfen oder verbieten müssen. Im Austausch mit dieser wichtigen Gruppe – meist auf meinen Rechtssicherheits- Seminaren – habe ich den Eindruck gewonnen, dass die Betreuungskräfte sich in rechtlichen Fragen unsicher oder allein gelassen fühlen, zum Teil viel mehr verbieten, als vielleicht sinnvoll ist. Beispielsweise durften Kinder einer Ganztagseinrichtung teuer angeschaffte IPads nicht benutzen, weil die Betreuungskräfte sich nicht sicher waren, ob die Kinder während der Betreuungszeit „etwas Ungeeignetes“ auf dem IPad schauen würden (kann man doch längst durch integrierte Sicherheits- [und Jugendschutz-]systeme vermeiden, dass sich Kinder „etwas Falsches“ anschauen). Andere Kinder durften teure, gespendete Werkbänke nicht benutzen, weil die Leitung Angst vor einer möglichen Aufsichtspflichtverletzung hatte. In wieder anderen GT-Einrichtungen gibt es ein generelles Verbot, Fußball zu spielen, auf Bäume zu klettern oder auf dem Flur zu rennen. Sport, Rennen, Klettern, der Umgang mit neuen Medien, Grenzen zu überwinden und Neues auszuprobieren sind jedoch zentral für eine gesunde bzw. zeitgemäße Entwicklung von Schulkindern.

Nur wenn Sie als Betreuungskraft die wichtigsten Antworten auf die einschlägigen Praxis-Rechtsfragen kennen, haben Sie die notwendige Handlungssicherheit in Ihrem Arbeitsalltag als schulische Betreuungskraft. Dabei gilt es, die neuesten Gerichtsentscheidungen ebenso zu kennen wie die „Basics"- die Grundlagen der allgemeinen Rechtslehre. Das Buch möchte ohne erhobenen Zeigefinger Antworten geben auf die wichtigsten Rechtsfragen, die sich im Alltag für diese wichtige Mitarbeitergruppe im schulischen Alltag ergeben. Die beiliegenden Checklisten und Handlungshilfen und Formulare sollen bei der Entlastung und rechtsicheren Umsetzung des Erlernten helfen.

Der Dank des Verfassers gilt erst einmal allen Kräften im schulischen Ganztag, die täglich erstklassige Arbeit leisten und (uns) Eltern somit entlasten. Ein weiterer Dank gilt allen Seminarteilnehmer*innen, die mir ihre Praxisfragen zur Verfügung gestellt haben. Ein herzliches Dankeschön auch an Frau *Dr. Henschel* und Frau *Lörsch* vom Verlag „Kommunal- und Schul-Verlag" für die immer wieder fruchtbare und unkomplizierte Zusammenarbeit. Ein herzlicher Dank auch an Frau *Stefanie Carolina Schmidt* von der Kanzlei „Edulaw.de" für die erstklassige Zusammenfassung „Haftungsfragen im Ganztag" (Kapitel 3).

Sie sind selbst GT-Betreuungskraft und möchten sich auch gerne auf einem Seminar mit Ihren Kollegen austauschen? Sie haben weitere Praxisfälle? Schreiben Sie mir!

Ich wünsche Ihnen viel Freude beim Lesen und eine gesunde Zeit!

Neustadt an der Weinstraße, August 2021

Jens-Reinhold Hubert
jrhubert@polis-seminare.de

Sprachliche Gleichstellung

Der besseren Lesbarkeit wegen wird versucht, durchgängig neutrale Begrifflichkeiten zu verwenden; im Übrigen wird alleine wegen der Vereinfachung die männliche Form verwendet. Umgekehrt sind hier natürlich auch die weiblichen Vertreterinnen und diverse Menschen gemeint.

2. Aktuelle Entwicklung des schulischen Ganztagsbereichs

Die aktuelle Statistik der Kultusministerkonferenz „Allgemeinbildende Schulen in Ganztagsform in den Ländern in der Bundesrepublik Deutschland – Statistik 2014 bis 2018“ liegt vor: Wie in den Vorjahren wird die steigende gesellschaftliche Bedeutung schulischer Ganztagsangebote in Deutschland hervorgehoben. Als Ursachen dafür werden der hohe Bedarf nach ganztägiger Betreuung zur Vereinbarkeit von Familie und Beruf und die durch PISA angeregte Diskussion über die besten Rahmenbedingungen für schulisches Lernen gesehen. Ausdrücklich wird auf die Impulse durch das Investitionsprogramm „Zukunft Bildung und Betreuung“ (2003–2009) hingewiesen. „*Die in vielen Ländern entwickelten Konzepte und Maßnahmen zum Ausbau des Ganztagsschulbetriebs im Primar- und Sekundarbereich I fanden in der vorliegenden Analyse der Jahre 2014 bis 2018 ihren Niederschlag*“, heißt es im Vorwort. Nach der aktuellen Statistik für das Schuljahr 2018/2019 ist die bundesweite Zahl der Ganztagsangebote seit der erstmaligen amtlichen Zählung der Kultusministerkonferenz im Schuljahr 2002/2003 im Jahr 2018 gegenüber dem Vorjahr erstmals leicht zurückgegangen.

Hingegen: Die Zahl der am Ganztag teilnehmenden Schülerinnen und Schüler hat sich wiederum kontinuierlich weiter erhöht.

18 236 schulische Verwaltungseinheiten im Primarbereich und in der Sekundarstufe I (67,8 %) verfügten im Schuljahr 2018/2019 über Ganztagsangebote (2002/2003: 4 951 = 16,3 %; 2017/2018: 18 686 = 69 %). Die höchsten Anteile verzeichnen nach der Statistik die Länder Sachsen (97,6 %), Saarland (96 %), Hamburg (95,6 %), Rheinland-Pfalz (90,8 %), Berlin (88,5 %), Thüringen (75,7 %), Nordrhein-Westfalen (71,1 %) und Bayern (69 %). Die Zahl der Schulen mit Ganztagsbetrieb stieg auch gegenüber dem Vorjahr weiter in Berlin, Bremen, Hessen, Niedersachsen, Rheinland-Pfalz, Sachsen und Schleswig-Holstein.

Nach Schularten haben die Integrierten Gesamtschulen mit 89 % weiterhin die höchsten Anteile an Ganztagsschulen, gefolgt von den Schularten mit mehreren Bildungsgängen (81,6 %), Förderschulen (75 %), Hauptschulen (72,4 %), und Gymnasien (64,3 %).

Der Anteil der Grundschulen mit Ganztagsbetrieb hat sich mit 67,5 % – bei Unterschieden zwischen den Ländern von 100 % bis 27,8 % – immerhin seit 2002 versechsfacht. Die absolute Zahl der Grundschulen mit Ganztagsbetrieb stieg weiter in Baden-Württemberg, Bremen, Hessen, Niedersachsen, Nordrhein-Westfalen, Rheinland-Pfalz und Schleswig-Holstein.

Im Schuljahr 2018/2019 nahmen bundesweit über 3,26 Millionen Schüler am Ganztagsschulbetrieb teil, das sind 45 % aller Schüler im Primarbereich und in der Sekundarstufe I und damit mehr als im Vorjahr (3,18 Mio.). Im Schuljahr 2002/2003 waren es nach der ersten amtlichen Zählung der Kultusministerkonferenz gerade einmal 133 506 Schüler (9,8 %).

Die höchsten Teilnahmequoten verzeichneten im Schuljahr 2018/2019 die Länder Hamburg (93,5 %), Sachsen (81,7 %), Berlin (64,9 %), Thüringen (54 %) und Nordrhein-Westfalen (51,5 %). Die absolute Zahl der Schüler, die am Ganztagsschulbetrieb teilnehmen, ist besonders in Hessen, Niedersachsen und Nordrhein-Westfalen gestiegen, aber auch in Berlin, Hamburg, Baden-Württemberg, Mecklenburg-Vorpommern, Sachsen, Thüringen und im Saarland.

Nach Schularten stieg die Teilnahmequote mit zwei Prozentpunkten gegenüber dem Vorjahr am stärksten in Schulen mit mehreren Bildungsgängen (63,1 %; Vorjahr: 61,5 %; 2002: 3,7 %). Die Teilnahme in Gymnasien (35,8 %; Vorjahr: 34,4 %; 2002: 3,9 %) ist ebenfalls weiter gestiegen, ebenso in Integrierten Gesamtschulen (76,6 %). Auch die Teilnahme in Grundschulen ist 2018/2019 mit 1 177 104 Schülern (= 42,2 %) absolut und prozentual weiter gestiegen und hat sich seit 2002 verzehnfacht (2002: 4,2 %).

Nach Organisationsformen dominiert die offene Ganztagsschule bei Grundschulen und Gymnasien. Die teilgebundene und die voll gebundene Form wählen eher Schulen mit mehreren Bildungsgängen, IGS und Förderschulen. Insgesamt hat sich die Zahl voll gebundener Ganztagsschulen aber kaum erhöht, bei Schulen mit mehreren Bildungsgängen und Hauptschulen sind sogar Rückgänge (zugunsten teilgebundener und offener Modelle) zu verzeichnen, so die Kultusministerkonferenz.

Als Anlass für den verstärkten Ausbau des Ganztagsschulangebots in den Ländern werden vor allem zwei konkrete Punkte angeführt: zum einen sind es die verschiedenen nationalen und internationalen Schulleistungsuntersuchungen, wie z.B. die PISA-Studie aus dem Jahr 2000. Zum anderen ist es das „Investitionsprogramm ‚Zukunft Bildung und Betreuung'" (IZBB), dessen Gesamtfördermittel die Länder beim bedarfsgerechten Auf- und Ausbau von Ganztagsschulen unterstützt haben. Dies konnte entsprechend der IZBB Verwaltungsvereinbarungen „Ausbau und Weiterentwicklung" neuer Ganztagsschulen, die „Schaffung zusätzlicher Plätze" an bestehenden Ganztagsschulen oder die „Qualitative Weiterentwicklung“ von Ganztagsangeboten sein. Die jeweilige Landespolitik hat häufig durch Koalitionsvereinbarungen und Regierungsbeschlüsse die notwendigen Voraussetzungen zur Umsetzung eines Ganztagsschulprogramms geschaffen oder verbessert.

Die Motive für ein verstärktes Engagement im Ganztagsschulausbau sind in den Ländern ähnlich. Vorrangig wird der gesellschaftliche Wandel in Familien- und Erwerbsstrukturen genannt. Der Ausbau von Ganztagsangeboten soll vor diesem Hintergrund vor allem der besseren Vereinbarkeit von Familie und Beruf dienen. Sozialpolitisch kommt dies der Frauenförderung zugute, aber auch der Erhöhung der Chancen- und Teilhabegerechtigkeit in Schule und Gesellschaft und damit der Unterstützung der elterlichen Erziehungsarbeit. In der Gesamtschau werden bildungs-, familien-, frauen-, sozial- und arbeitsmarktpolitische Schwerpunkte aufgeführt. Im Hinblick auf die Schüler wird unisono festgestellt, dass individuelles, leistungsdifferenziertes, fachliches und soziales Lernen durch das ganztägige Angebot gefördert wird. Dabei reicht die Unterstützung weiter, denn durch die Teilnahme an schulischen Ganztagsangeboten werden die Schüler im Sinne ganzheitlicher Bildung nachhaltig in ihrer Entwicklung von kognitiven und sozialen Kompetenzen gefördert. Ebenso sollen Bildungserfolge von sozial benachteiligten Kindern und Jugendlichen unterstützt und damit deren Bildungschancen erhöht werden.

Gleichzeitig werden auch Vorteile für die Lehrkräfte und das sonstige pädagogische Personal formuliert: Im Ganztag ergeben sich neue Möglichkeiten des Zugangs zu den Schülern. Die damit einhergehende veränderte Lehr- und Lernkultur bietet die Basis für einen modernen Unterricht und die Veränderung der Lehrerrolle. Ganztagsschulen nutzen verstärkt außerschulische Lernorte und greifen auf vorhandene Ressourcen im Gemeinwesen zurück. Von verschiedenen Ländern werden Aspekte der Integration und der Inklusion als Gründe für den Ausbau des Ganztagsangebots genannt. Argumente sind hier, dass Ganztagsschulen der Heterogenität der Schülerschaft Rechnung tragen, da Kinder und Jugendliche unterschiedlicher Voraussetzungen Zeit miteinander verbringen und gemeinsam lernen. Ganztagsschulen bieten somit gute Voraussetzungen für die Umsetzung integrativer und inklusiver Bildung.

3. Ausgewählte Rechtsfragen und Antworten zur Kooperation von Schule und außerschulischen Partnern im Rahmen von Ganztagsangeboten

3.1 Status von Veranstaltungen und durchführenden Personen

Dürfen Veranstaltungen von Kooperationspartnern oder anderen Trägern als Veranstaltungen im Rahmen des Ganztagsangebots gewertet werden?

Das hängt davon ab, ob diese Veranstaltungen Bestandteil des pädagogischen Konzepts einer Schule mit ganztagsschulischen Angeboten sind. Ist das der Fall, dürfen diese Veranstaltungen grundsätzlich so gewertet werden. Handelt es sich bei einer Veranstaltung, die von einem Kooperationspartner in den Räumlichkeiten der Schule angeboten wird, um eine schulische Veranstaltung? Nicht unbedingt. Beispielsweise können bestimmte Betreuungsmaßnahmen, Freizeitangebote u. a. als nichtschulische Veranstaltungen des Kooperationspartners in eigener Verantwortung durchgeführt werden. In diesem Fall entfällt die schulische Aufsichtspflicht. Handelt es sich bei der Veranstaltung des Kooperationspartners um ein Angebot im Rahmen des im Kooperationsvertrag ausgewiesenen Ganztagsangebots, dann gilt sie als schulische Veranstaltung.

Müssen Ganztagsangebote im Schulgebäude stattfinden?

Nein, sie können auch außerhalb des Schulgebäudes stattfinden – z. B. in den Räumen eines freien Trägers der Jugendhilfe, eines Vereins, in den Räumen des Horts. Allerdings muss der Angebotsort außerhalb der Schule im Rahmen einer Kooperationsvereinbarung ausdrücklich benannt sein. Die Eltern müssen über die ausgewiesenen Angebotsorte informiert sein. Es empfiehlt sich, regelmäßige Angebotsorte im Schulprogramm festzuhalten und diese Informationen öffentlichkeitswirksam zugänglich zu machen.

Sind Veranstaltungen, die von schulischer Seite mit den Schülern in den Räumlichkeiten von Kooperationspartnern durchgeführt werden, schulische Veranstaltungen?

Ja.

Gelten Veranstaltungen, die von Kooperationspartnern in eigenen oder angemieteten Räumen durchgeführt werden, als schulische Veranstaltungen?

Diese Veranstaltungen gelten als schulische Veranstaltungen, wenn sie Teil des pädagogischen Konzepts der Schule sind und eine Kooperationsvereinbarung besteht. Damit greift auch die gesetzliche Unfallversicherung.

Dürfen ältere Schüler Angebote unterbreiten?

Ja. Bei unter 16-Jährigen ist die Gegenwart einer Lehrkraft erforderlich. 16-Jährige und ältere Schüler dürfen eigenständige Angebote unterbreiten und in diesem Rahmen festgelegte Aufsichtsaufgaben wahrnehmen. Hierbei ist die **Erreichbarkeit einer zuständigen Lehrkraft** zu sichern. Die Aufsicht verbleibt bei der Schule. Unabhängig davon gilt die schrittweise Übernahme von Verantwortung und Mitverantwortung (Schülerlotsen, Schülerkiosk, Schülerexperten usw.) als wesentlicher Bestandteil moderner Pädagogik und Didaktik.

Dürfen Betreuungskräfte oder Kooperationspartner an schulischen Konferenzen teilnehmen?

Im Sinne einer guten Kooperation empfiehlt es sich für die Schule, Betreuungskräfte und Kooperationspartner als Gäste zu den Beratungen und Konferenzen einzuladen, die für die Zusammenarbeit im Rahmen von Ganztag und für das Programm der Schule, das Schulklima oder für die Kenntnis wichtiger Einzelheiten von Bedeutung sind. Eine rechtliche Verpflichtung der Schule dazu besteht bislang noch nicht.

Bei Beratungen über einzelne Schüler oder Schulklassen sind die **Regelungen des Datenschutzes** zu beachten.

3.2 Aufsicht

Entfällt für die Schule die Aufsichtspflicht, wenn es sich um ein Angebot des Kooperationspartners handelt? Dürfen Mitarbeiter der Jugendhilfe bei Veranstaltungen, die als Schulveranstaltungen definiert sind, allein

die Aufsicht übernehmen? Können Honorarkräfte bei schulischen Veranstaltungen das Aufsichtsrecht übernehmen?

Der Schule obliegt bei allen schulischen Veranstaltungen grundsätzlich die Aufsicht. Damit bleibt die schulische Aufsichtspflicht prinzipiell erhalten, sofern es sich um ein Angebot im Rahmen der Kooperationsvereinbarung handelt. Die konkrete Übernahme der Aufsicht kann grundsätzlich von der Schule an den Kooperationspartner delegiert werden. Dabei empfiehlt es sich, dass die Eltern vorab über die Modalitäten der Angebotsunterbreitung und die Übernahme der Aufsicht durch den Kooperationspartner informiert sind. Bei nicht einschlägig ausgebildeten Betreuungskräften der Kooperationspartner sollte darauf geachtet werden, dass während der Veranstaltungsdauer im Rahmen des Ganztags eine Lehrkraft oder ein Mitglied der Schulleitung erreichbar ist. Bei Personal des Kooperationspartners, das über eine abgeschlossene pädagogische Ausbildung verfügen, sollte in der Stellen- bzw. Aufgabenbeschreibung die Verantwortung für die Aufsichtsführung festgeschrieben sein. Es empfiehlt sich, zu Beginn des Kooperationsangebots die beteiligten Betreuungskräfte auf ihre Verpflichtung zur Übernahme der Aufsicht hinzuweisen.

3.3 Versicherung

Sind Schüler bei Veranstaltungen oder Angeboten von Kooperationspartnern auf dem Schulgelände und außerhalb des Schulgeländes gesetzlich unfallversichert?

Ja, Schüler stehen unter dem Schutz der gesetzlichen Schülerunfallversicherung, wenn es sich um eine Veranstaltung im Rahmen der Kooperationsvereinbarung handelt. Allerdings kann eine Veranstaltung nicht als schulische Veranstaltung genehmigt werden, wenn mehr als die Hälfte der Teilnehmer nicht Schüler der Schule sind.

Sind Schüler auf dem Weg von der Schule zur Veranstaltung eines Kooperationspartners gesetzlich unfallversichert?

Ja. Die Angebote sollen in geeigneten Räumlichkeiten und – soweit machbar – möglichst schulnah durchgeführt werden. Für die Wege dorthin und zurück sowie nach Hause sind Schüler gesetzlich unfallversichert.

Sind Honorarkräfte, die Angebote an der Schule unterbreiten, während ihrer Veranstaltungen selbst gesetzlich unfallversichert?

Ja, sofern das Angebot Bestandteil der Kooperationsvereinbarung bzw. des Schulprogramms ist. Schüler, die Angebote unterbreiten, sind gesetzlich unfallversichert. Für Beschäftigte der Jugendhilfe übernimmt der Anstellungsträger den Versicherungsschutz.

3.4 Anwesenheit

Müssen Kooperationspartner Anwesenheitskontrollen durchführen?

Das hängt vom Charakter der Angebote ab. Da die Schule sich mit dem Ganztagsangebot zugleich in die Pflicht begibt, die Teilnahme der Schüler am Ganztag sicherzustellen, sind bei Kooperationsprojekten und Angeboten grundsätzlich Anwesenheiten zu ermitteln und zu dokumentieren, beispielsweise in Form von Teilnehmerlisten, die später eingesehen werden können. Es gibt eine grundsätzliche Anwesenheitspflicht für Schüler, die für die Teilnahme am ganztägigen Programm der Schule gemeldet sind. Gleichzeitig ist dafür Sorge zu tragen, dass innerhalb eines festgelegten Regulariums die Schüler über die Möglichkeit verfügen, Angebote zu wechseln.

3.5 Eltern

Muss bei Veranstaltungen des Kooperationspartners die Einverständniserklärung der Eltern eingeholt werden?

Eine besondere Einverständniserklärung ist dann notwendig, wenn es sich um über das übliche Maß hinausgehende Risiken oder um ein Angebot handelt, das über das vereinbarte Kooperationskonzept hinausgeht.

4. Praxisfälle

Vorbemerkung:

Im Schuljahr 2018/2019 nahmen bundesweit über 3,26 Mio. Schüler am Ganztagsschulbetrieb teil, das sind 45 % aller Schüler im Primarbereich und in der Sekundarstufe I und damit mehr als im Vorjahr (3,18 Mio.). Im Schuljahr 2002/2003 waren es nach der ersten amtlichen Zählung der Kultusministerkonferenz gerade einmal 133 506 Schüler (9,8 %). Schwerpunkt der hier folgenden Rechtsfälle sind daher Fälle, die bei der Betreuung im Primarbereich und in der Sekundarstufe 1 vorkommen können.

Fall 1: Der Armbruch

> Die Nachmittagsbetreuung an der Grundschule in Musterstadt ist ein echtes Erfolgsmodell. Mehr als 70 % der Schüler nehmen dieses Angebot in Trägerschaft des „Musterstadter Jugendhilfevereins e. V." in Anspruch. Die Zusammenarbeit mit dem Verein erfreut sich so großer Beliebtheit, dass auch die zwei weiteren Grundschulen in Musterstadt in den letzten drei Jahren diese Nachmittagsbetreuung eingeführt haben. Am Nachmittag des 21.8.2020 fallen krankheitsbedingt zwei Betreuungskräfte aus. Bei den nachmittäglichen Hausaufgaben, die ausnahmsweise ohne anwesende Betreuungspersonen erledigt werden müssen, kommt es zu einer Auseinandersetzung zwischen Lukas und Finn. Dabei klettert Lukas über zwei Tische. Er rutscht von der Tischkante ab und fällt so unglücklich auf seinen rechten Arm, dass er mit einem Armbruch ins Krankenhaus gebracht werden muss. Lukas Mutter ist erbost. Sie meint, dass Schulleiter Paul Fröhlich eine Aufsicht stellen müsse, wenn am Nachmittag Betreuungspersonen ausfallen.

Betreuungsangebote am Nachmittag sind heutzutage kaum noch aus den Schulen wegzudenken. Eltern erwarten, dass Grundschulen ein solches Angebot machen, da die meisten Eltern verlässliche Ganztagsbetreuung schon aus den Kitas kennen. Auch am Nachmittag müssen die betreuten Kinder beaufsichtigt und so vor Gefahren geschützt werden. Die Verantwortlichkeit ist dabei nicht immer eindeutig zuzuordnen.

Rechtlicher Hintergrund

Wird die Schule als sog. **gebundene Ganztagsschule** geführt, sind sämtliche Nachmittagsangebote schulische Veranstaltungen und die Verantwortung auch für die Aufsichtsführung liegt bei der Schulleitung (z. B. Art. 6 Bayerisches Gesetz über Erziehung und Unterricht [Ba-yEUG] i. V. m. Erlass Nr. III. 5-5 O 4207-6a.70 200). Zusätzliche Betreuungsangebote, wie z. B. im Bereich der **offenen Ganztagsschulen,** unterliegen nicht der schulischen Verantwortung und damit auch nicht deren Aufsichtspflicht. Die Verpflichtung zur ordnungsgemäßen Aufsicht liegt bei denjenigen, die die Betreuung am Nachmittag übernommen haben. Konkret bedeutet dies, dass Organisation und Durchführung der Aufsicht bei der **Leitung des Nachmittagsbetriebs** liegen.

Im **offenen Ganztag** muss der **externe Kooperationspartner** für die Aufsicht der Schüler sorgen.

Grundsätzlich hat der **Schulträger** die Aufgabe, soweit es sich um eine öffentliche Schule handelt, Nachmittagsbetreuung an Schulen einzurichten. Dabei ist er frei, an welchen Schulen er Betreuungsmöglichkeiten anbietet und ob dies flächendeckend der Fall sein soll. Der Schulträger kann die Durchführung der Betreuung in die Hände Dritter geben. Dies ist z. B. im Praxisbeispiel mit dem privat organisierten Verein der Fall. Der Schulträger kann dies auch in Eigenregie übernehmen.

Ist Nachmittagsbetreuung verpflichtend?

In den meisten Bundesländern sind Betreuungsangebote am Nachmittag rein freiwilliger Natur. Zwar sehen die meisten Schulgesetze vor, dass im Rahmen des Bildungsauftrags auch Nachmittagsangebote sicherzustellen sind. Die Durchführung ist jedoch freiwillig. Für Aufsicht und Haftung hat dies die Folge, dass nicht immer die Schule selbst für die Nachmittagsangebote verpflichtend sorgen muss, sondern dies als **Aufgabe beim Schulträger** verbleibt.

Wer ist am Nachmittag aufsichtspflichtig?

Derjenige, der für den Schulträger bzw. die Organisation die Betreuung am Nachmittag übernommen hat, hat damit gleichzeitig auch die Pflicht, die Aufsicht sicherzustellen. Dies gilt nicht nur für Mittagessen- und Hausaufgabenüberwachung, sondern auch für Arbeitsgemeinschaften, Sportveranstaltungen etc.

Können auch Lehrer am Nachmittag eingesetzt werden?

Grundsätzlich können auch Lehrer, z. B. für den Bereich der Hausaufgabenbetreuung, eingesetzt werden. In den meisten Fällen sehen die entsprechenden Durchführungserlasse der jeweiligen Bundesländer vor, dass auch Lehrerstunden für die Nachmittagsbetreuung zur Verfügung gestellt werden. Diese kann von Lehrkräften wahrgenommen werden. Die Stunden können aber auch in Form von Geld an den Träger weitergeleitet werden. Dieser kann dann wiederum eigene Betreuungskräfte hiervon einstellen. Eine andere Möglichkeit ist die, dass die Schulleitung Lehrkräfte auf der Basis von Lehrerstunden zur Aufsicht bei der Hausaufgabenbetreuung abordnet.

Muss die Aufsicht durch Profis erfolgen?

Eine gesetzliche Verpflichtung, dass die Aufsicht am Nachmittag durch ausgebildete Pädagogen zu erfolgen hat, gibt es nicht. Es dürfen auch Hilfspersonen zur Aufsicht herangezogen werden. Wichtig ist dabei, dass diese Personen auch dazu geeignet sind. Dies können z. B. ehrenamtlich unterstützende Eltern sein, aber auch Minijobber, die beim Träger der Nachmittagsbetreuung angestellt sind.

Dürfen Kinder am Nachmittag auch unbeaufsichtigt sein?

Nein, eine Aufsicht muss im Nachmittagsbereich zwingend und kontinuierlich gegeben sein. In Einzelfällen kann es erforderlich sein, eine Gruppe für eine kurze Zeit allein zu lassen. Dies bedeutet jedoch nicht, dass hierdurch keine Aufsicht gewährleistet ist. Wichtig ist, dass sich die **Schüler jederzeit beaufsichtigt fühlen.**Dies kann bei einem Personalausfall durch regelmäßige

Kontrollgänge und Stichproben, z. B. bei der Anfertigung der Hausaufgaben am Nachmittag, der Fall sein.

Müssen für die Aufsicht nicht auch Vertretungskräfte verfügbar sein?

Im Prinzip schon. Im Praxisbeispiel hätte der Träger, der auch noch an anderen Schulen die Nachmittagsbetreuung vornimmt, sich um Vertretungskräfte bemühen müssen. Insbesondere dann, wenn Schüler, wie im Praxisbeispiel, in Auseinandersetzungen verwickelt werden, ist es wichtig, dass derartige Situationen nicht eskalieren. Eine Verletzung hätte so vermieden werden können. Dies ist ein klarer Fall einer grob fahrlässigen Aufsichtspflichtverletzung.

Wer kommt für den entstandenen Schaden auf?

Auch für die Nachmittagsbetreuung gilt grundsätzlich der Versicherungsschutz der gesetzlichen Unfallversicherung (GUV), wenn die Betreuung über den Schulträger organisiert und an den Schulen eingerichtet wird. Dann ist die Betreuung, auch wenn sie in privater Trägerschaft durchgeführt wird, als schulische Veranstaltung zu qualifizieren. In diesem Fall übernimmt die GUV die Kosten der medizinischen Heilbehandlung für den Armbruch von Lukas.

Ist damit die Leitung der Betreuung „aus dem Schneider"?

Keineswegs. Die GUV hat jederzeit die Möglichkeit, beim Verdacht einer grob fahrlässigen Aufsichtspflichtverletzung bei der für die Organisation der Aufsicht zuständigen Person Regress zu nehmen. Es ist deshalb nicht ausgeschlossen, dass die Leitung der Nachmittagsbetreuung an der Musterstädter Grundschule im Praxisbeispiel hierfür persönlich haftet. Unabhängig davon kann Lukas über seine Eltern auch Schmerzensgeld unmittelbar gegenüber der Betreuungsleitung geltend machen. Der Träger der Betreuung, im vorliegenden Fall der „Musterstadter Jugendhilfeverein e. V.", kann gleichzeitig für ein Organisationsverschulden in Anspruch genommen werden, da eine Vertretung nicht organisiert war.

Fazit zu Fall 1:

Der Schulträger bzw. die Trägerorganisation hat die Aufgabe, Nachmittagsbetreuung einzurichten, aber die Aufsichtspflicht liegt bei den Verantwortlichen der Nachmittagsbetreuung. Jüngere Schüler müssen umfassender beaufsichtigt werden als ältere Schüler. Verantwortungsbewusstsein und Entwicklungsstand der Kinder sind zu berücksichtigen. Dies ist Aufgabe des Trägers der Nachmittagsbetreuung.

Fall 2: Der Hustensaft

Maries Mutter bittet im Winter die GT- Betreuungskraft Christina, der leicht erkälteten Marie vor der Mittagsspeisung einen Löffel Hustensaft zu geben. Wie soll sich die Betreuerin Christina hier verhalten?

Grundsätzlich sollten von den schulischen Betreuungskräften im GT, sofern das Kind **akut** und nicht chronisch krank ist, **keine Medikamente** verabreicht werden. Die Gefahr von plötzlich auftretenden Nebenwirkungen oder dass das Medikament vergessen wird bzw. es zu Verwechslungen mit Medikamenten anderer Kinder kommt ist einfach zu groß. Lediglich in **begründeten Einzelfällen** kann es jedoch ausnahmsweise zulässig sein, von diesem juristischen Grundsatz abzuweichen und notwendige Medikamente zu verabreichen. Wenn ein Kind beispielsweise nach einer Erkrankung wieder völlig genesen ist, jedoch (um Resistenzen vorzubeugen) noch regelmäßig Antibiotika nehmen muss und es zeitgleich für die berufstätigen Eltern schwierig ist, das Kind zu Hause zu betreuen, kann die GT-Einrichtung entgegenkommen und sich entscheiden, dem Kind die erforderliche Medikamentation zu geben. Bevor eine GT-Kraft allerdings einem Kind Medikamente verabreicht, muss die GT-Leitung dies vorab mit dem **Träger der Einrichtung absprechen.**

Des Weiteren muss eine **schriftliche Zustimmung der Personensorgeberechtigten und eine schriftliche Verordnung des Arztes** vorliegen. Die Verordnung des Arztes muss nicht nur die Lagerung und Dosierung des Medikaments, sondern auch mögliche Nebenwirkungen und Maßnahmen, die im Notfall zu ergreifen sind, enthalten. Selbstverständlich muss bei jeder Medikamentengabe eine **Dokumentation** angefertigt werden, d.h. die GT-Kraft muss tatsächlich jedes Mal aufschreiben, wem sie wann welches Medikament und in welcher Dosierung gegeben hat, damit die Medikamente nicht versehentlich doppelt gegeben werden. Ebenso müssen diese Medikamente immer sicher vor dem Zugriff der Kinder aufbewahrt werden. Um mögliche Verwechslungen auszuschließen, müssen die **Medikamente mit dem Namen des Kindes versehen werden. Außerdem ist stets das Verfallsdatum zu überprüfen.**

Fazit zu Fall 2:

In der in obigem Fallbeispiel beschriebenen Situation sollte die Betreuungskraft Christina der Mutter von Marie erklären, dass Kindern in der GT-Einrichtung keine Medikamente verabreicht werden. Wenn Marie akut an Husten leidet, soll diese zu Hause bleiben, um gesund zu werden und um andere Kinder nicht anzustecken.

Fall 3: Die chronische Erkrankung

> In einer Grundschule in Musterstadt gibt es eine angebotene Nachmittagsbetreuung. Ein Kind dieser GT-Einrichtung, Lisa, leidet unter Epilepsie und muss deshalb mehrmals am Tag ein Medikament einnehmen. Die Leitung und die GT-Kräfte möchten allerdings nicht die Verantwortung übernehmen, dass Lisa mehrmals täglich zu vorher definierten Uhrzeiten ihre Medizin zu sich nimmt. Außerdem befürchten sie, dass sie einen epileptischen Anfall in der Einrichtung erleiden könnte.

Von dem in Fall 2 genannten Grundsatz, Kindern in der GT-Betreuung keine Medikamente zu verabreichen, sollte immer dann abgewichen werden, wenn das zu betreuende Kind unter einer **chronischen Erkrankung** leidet.

Aber ab wann ist ein Kind chronisch krank? Zur Beschreibung chronischer Erkrankungen gibt es verschiedene definitorische Ansätze. Die Weltgesundheitsorganisation (WHO) definiert chronische Krankheiten als *„lange andauernde und im Allgemeinen langsam fortschreitende Krankheiten"*. Aus sozialrechtlicher Perspektive definiert die „Chroniker-Richtlinie" des Gemeinsamen Bundesausschusses (G-BA) eine Person dann als schwerwiegend chronisch krank, wenn sie u. a. wenigstens ein Jahr lang mindestens einmal pro Quartal ärztlich behandelt wird (Dauerbehandlung) und entweder eine Pflegebedürftigkeit der Pflegestufe 2 oder 3 nach dem Zweiten Kapitel des SGB XI vorliegt, ein Grad der Behinderung (GdB) von mindestens 60 besteht oder wenn eine kontinuierliche medizinische Versorgung (ärztliche oder psychotherapeutische Behandlung, Arzneimitteltherapie, Behandlungspflege, Versorgung mit Heil- und Hilfsmitteln) erforderlich ist, ohne die nach ärztlicher Einschätzung eine lebensbedrohliche Verschlimmerung, eine Verminderung der Lebenserwartung oder eine dauerhafte Beeinträchtigung der Lebensqualität durch die aufgrund der Krankheit verursachte Gesundheitsstörung zu erwarten ist (vgl. G-BA 2004).

Zusammengefasst: Unter chronischen Erkrankungen versteht man Krankheiten, die anders als akute Erkrankungen nicht „kommen und wieder gehen“, sondern lange andauern und typischerweise nicht vollständig ausheilen. Unter chronischen Erkrankungen fallen bspw. Epilepsie, Rheuma, Neurodermitis und Diabetes.

Ist ein Kind aufgrund von einer wie oben beschriebenen chronischen Erkrankung auf das Einnehmen von Medikamenten angewiesen, ist die Ganztagseinrichtung grundsätzlich auch verpflichtet, im Rahmen ihrer Möglichkeiten dem Kind die notwendigen Medikamente zu verabreichen, um zu vermeiden, dass das Kind ausgegrenzt und auf Sondereinrichtungen verwiesen wird. Dabei muss bei der Medikamentengabe auf die oben genannten Voraussetzungen sorgfältig geachtet werden. Auch hier gilt: Die Medikamente sollen nur nach Absprache mit dem Träger gegeben werden und: Jede Medikamentengabe muss auch hier dokumentiert werden. Eine schriftliche Einverständniserklärung der Eltern sowie eine Verordnung des Arztes muss vorliegen. Des Weiteren muss eine verbindliche Vertretungsregelung getroffen werden für den Fall, dass die GT-Kraft, die die Medikamente ausgibt, einmal ausfällt.

Als Beispiel dient nachfolgendes Praxis-Urteil:

Bei einem diabeteskranken Kind wurde inzwischen höchstrichterlich entschieden, dass das Kind einen Anspruch auf den Besuch eines Regelkindergartens und einer normalen Schule hat und die Krankenkasse sogar verpflichtet ist, eine Pflegekraft zur Verfügung zu stellen, die in die Kita kommt, um den Blutzucker zu messen und Insulin zu spritzen (vgl. BSG, Urt. vom 21.11.2002 – Az: B 3KR 13/02 R –). In der Praxis entscheiden sich die Krankenkassen oft für den kostengünstigeren Weg: Die GT-Kräfte der Einrichtungen werden geschult, sodass diese die medizinischen Aufgaben übernehmen können und so der ambulante Dienst nicht kommen muss. Selbst subkutane Injektionen dürfen von pädagogischen Kräften nicht ohne besondere Schulung vorgenommen werden.

Fazit zu Fall 3:

Die im Fallbeispiel erwähnte GT-Einrichtung sollte in Absprache mit dem Träger alles organisatorisch Mögliche zu versuchen, um die Medikamentengabe sicherzustellen und Lisa den Besuch der GT-Einrichtung zu ermöglichen. Es muss vorab mit den Eltern und dem zu betreuenden Arzt abgesprochen werden, wie im Fall eines epileptischen Anfalls vorgegangen werden soll. Des Weiteren muss darauf geachtet werden, dass die allgemeinen Voraussetzungen, die bei jeder Medikamentengabe beachtet werden müssen, eingehalten werden.

Medikamentengabe in der GT-Einrichtung

Akute Erkrankung (z. B. Bronchitis, Angina, Erkältung, etc.)	**Chronische Erkrankung** (z. B. Diabetes, Epilepsie, Asthma)
Medikamente sollten nicht gegeben werden (nur ausnahmsweise in durch den Arzt begründeten Einzelfällen zulässig).	**Medikamente sollten gegeben werden**, um Kinder nicht auszugrenzen und auf Sondereinrichtungen zu verweisen (s. obiges Urteil des BSG)

Voraussetzungen, die bei jeder Medikamentengabe seitens der GT-Kräfte einzuhalten sind:

- schriftliche Zustimmung der Personensorgeberechtigten,
- schriftliche Verordnung des Arztes,
- Einverständnis des GT-Trägers,
- Dokumentation, wer wann und wem welches Medikament verabreicht hat,
- Medikament ist für die anderen Kinder unerreichbar (verschlossen),
- Medikament wird mit dem Namen des Kindes versehen,
- Medikament wird sachgerecht gelagert,
- es greift die Vertretungsregelung,
- Verfallsdaten werden regelmäßig überprüft,
- nach Ausgabe erfolgt eine Eintragung in den Meldeblock (Achtung: klassisches, herkömmliches Verbandbuch nach der neuen DSGVO ist nicht mehr zulässig!).

Siehe hierzu auch die Praxisbeihilfe im Anhang.

Fall 4: Das Klettergerüst

> Im Sommer dürfen die Kinder in der GT-Betreuung auch auf dem Pausenhof spielen. Greta stürzt aus Unachtsamkeit vom Klettergerüst und zieht sich mehrere Schürfwunden zu, die stark bluten.

Bei Unfällen in der GT-Einrichtung sind die GT-Kräfte aufgrund ihrer **Fürsorgepflicht für die Kinder verpflichtet**, den ihnen anvertrauten Kindern die notwendige **Erste Hilfe zu leisten.**

Eine ausdrückliche Einwilligung der Eltern ist hierfür nicht notwendig, soweit es sich bei diesen Maßnahmen um eine notwendige **Erstversorgung** handelt.

Welche Erste-Hilfe-Maßnahmen konkret erforderlich und deshalb juristisch zulässig sind, muss anhand des jeweiligen Einzelfalls und des im Erste-Hilfe-Kurs erlernten Wissens entschieden werden. Wenn die Betreuungskräfte nach **ihrem besten Wissen** Hilfe leisten, so wie sie es im Erste-Hilfe-Kurs gelernt haben, müssen die selbigen keinerlei rechtliche Konsequenzen befürchten; übrigens auch dann nicht, wenn sie aus medizinischer Sicht falsch gehandelt haben und deshalb ein Schaden eingetreten ist. Falls die Betreuungskräfte allerdings aus Angst, vielleicht irgendetwas „falsch" zu machen, im Notfall nicht unverzüglich die ihnen bestmögliche Hilfe leisten, machen sie sich gegebenenfalls wegen **unterlassener Hilfeleistung** strafbar (vgl. § 323 c StGB).

Fazit zu Teil 4:

Im vorliegenden Fallbeispiel ist die GT-Betreuungskraft verpflichtet, die erforderliche Erste Hilfe zu leisten. Hierfür werden zum einen eine Reihe von Personen in der GT-Einrichtung auf Kosten der örtlichen Unfallkassen ausgebildet und zum anderen befindet sich in jeder Einrichtung ein Verbandskasten. Die üblichen Modelle (DIN 13 157), die auch in Schulen eingesetzt werden dürfen, enthalten neben diversen anderen Dingen für die Erstversorgung von Verletzungen auch sog. Wundschnellverbände (ergo „Pflaster") in diversen Größen. Diese eignen sich hervorragend, um den drei Gefahren auch kleinerer Wunden zu begegnen: Die Blutung kann damit gestoppt, das Eindringen von Keimen kann verhindert und weiterer Schmerz vermieden werden. Vorab sollte man sich bei den Sorgeberechtigten der Schüler allerdings über deren

Allergien informieren. Ist eine Pflasterallergie bekannt, ist es besser dem Verletzten – im obigen Fall Greta – eine Zellstoffmullkompresse zum Stillen der Blutung zu geben. Auch diese befindet sich in mehrfacher Ausführung in jedem Verbandkasten.

Eine **medizinische Behandlung** ist hingegen von den GT-Betreuungskräften nicht zu erwarten und sollte auch aus **juristischer Sicht vermieden werden**: Weder Salben noch Desinfektionsmittel müssen und sollten vom Erste-Hilfe-Leistenden aufgetragen werden.

Die Betreuungskraft muss also beim oben geschilderten Fall entscheiden, ob Greta ärztlich versorgt werden muss oder ob es ausreicht, wenn die Wunden durch die Betreuungskräfte versorgt werden. Ob man die Wunden durch das vorsichtige Reinigen der Wunde mit einer sterilen Mullkompresse und lauwarmen Wasser behandelt, ob ein Verband angelegt werden muss oder ein Pflaster ausreicht, muss sie nach ihrem im Ersten Hilfe Kurs erlernten Wissen entscheiden. Es ist juristisch zulässig, auch ohne explizite Einwilligung der Sorgeberechtigten Wunden zu reinigen und mit einem Pflaster zu versorgen, wenn dies im Rahmen der Erste-Hilfe-Maßnahmen erforderlich ist.

Fall 5: Der Läuseverdacht

In einer Ganztagseinrichtung gibt es mehrfach im Jahr Kopfläuse bei den zu betreuenden Kindern. Viele GT-Betreuungskräfte erkennen bereits die ersten Anzeichen, wenn sich die Kinder dauernd und intensiv am Kopf kratzen. Die GT-Betreuungskraft Claudia fragt sich, ob sie bei den Kindern nachschauen darf oder ob sie lediglich die Eltern darum bitten muss, den Kopf des Kindes zu kontrollieren.

Ein Blick in das Gesetz erleichtert in diesem Fall die Rechtsfindung:

In § 34 Abs. 1 des Infektionsschutzgesetzes (IfSG) kann man lesen, dass Personen, die an Cholera sowie an weiteren schweren Krankheiten wie Pest, Masern oder Typhus erkrankt oder dessen verdächtig oder aber verlaust sind, in Betreuungseinrichtungen für Kinder keine Tätigkeiten ausüben dürfen. Das gilt nach Satz 2 selbstverständlich auch für die dort betreuten Kinder, die dann die Schule nicht betreten und ergo am Nachmittag auch nicht in die GT-Betreuung gehen dürfen.

Wenn GT-Betreuungskräfte bei Kindern **zufällig** Läuse oder an den Haaren klebende Eihüllen von Läusen (Nissen) entdecken, müssen diese die Eltern anrufen, damit diese das Kind unverzüglich aus der Betreuung abholen und auf Lausbefall untersuchen. Bestätigt sich dann der Verdacht, darf das Kind die Einrichtung erst dann wieder besuchen, nachdem es mit einem anerkannten Mittel gegen Läuse erfolgreich behandelt worden ist (vgl. § 34 Abs. 1 IfSG).

Kinder ohne Einwilligung der Personensorgeberechtigten auf Kopfläuse hingegen **zu untersuchen, ist unzulässig** und kann im schlimmsten Fall als Körperverletzung angesehen werden. Es ist deshalb mehr als ratsam, sich von den Eltern unterschreiben zu lassen, dass ihre Kinder bei Verdacht auf Läuse untersucht werden dürfen.

Wenn in der GT-Einrichtung Läuse auftreten, muss die Leitung die Eltern aller anderen Kinder anonym über den Kopflausbefall informieren und sich bestätigen lassen, dass die Eltern ihre Kinder zu Hause auf Läuse untersuchen. In einem entsprechend gestalteten Elternbrief kann dann auch die Erlaubnis der Eltern eingeholt werden, dass die Kinder auch während der Betreuungszeit in der Schule auf Läusebefall kontrolliert werden dürfen.

Ebenso ist die Leitung verpflichtet, das **Gesundheitsamt** in Kenntnis zu setzen, wenn Kopfläuse aufgetreten sind (vgl. § 34 Abs. 6 IfSG).

Sobald ein von Kopfläusen befallenes Kind mit einem anerkannten Mittel vorschriftsgemäß behandelt wurde, darf es die Einrichtung wieder besuchen. Ein ärztliches Attest über den Behandlungserfolg ist grundsätzlich nicht mehr erforderlich.

Fazit zu Fall 5:

Die Betreuerin Claudia sollte bei Verdachtsmomenten die Leitung der GT-Betreuung informieren und die Eltern der betreffenden Kinder informieren, damit diese ihre Kinder abholen, sie auf Kopfläuse untersuchen und dann ggf. hiergegen behandeln. Anschließend sollte an alle Eltern ein Elternbrief verteilt werden, in dem diese über das Auftreten der Läuse in der GT-Betreuung informiert werden. Die Eltern sollten darüber hinaus im Elternbrief darum gebeten werden, ihr Kinder auf Kopfläuse zu untersuchen.

Achtung:

Es ist darauf hinzuweisen, dass eine Untersuchung des Kopfs (im Sinne eines Absuchens mit Körperkontakt) von Schülern durch **Lehrkräfte ohne Einwilligung** der betreffenden Eltern nicht zulässig ist. Dies folgt aus dem Grundrecht des Kindes auf körperliche Unversehrtheit aus Art. 2 Abs. 1 GG (das Absuchen stellt einen Eingriff in dieses Grundrecht dar).

Eine körperliche Untersuchung darf in der Schule – aus demselben rechtlichen Grund – auch nicht durch schulisches Unterstützungspersonal (z.B. sozialpädagogisches oder schulpsychologisches Personal, Schulsekretärin, Hausmeister, GT-Betreuungskraft) erfolgen. Ebenso ist eine Untersuchung auf Kopflausbefall bei Schülern durch andere Eltern nicht zulässig; das gilt auch dann, wenn diese anderen Eltern Mitglied eines schulischen Mitwirkungsgremiums sind.

Siehe hierzu auch die Praxisbeihilfe im Anhang.

Fall 6: Der Zeckenalarm

An einem heißen Sommertag unternimmt die Gruppe der GT-Betreuungskraft Niklas einen Ausflug an einen See. Alles ist sehr harmonisch, bis einige Kinder aufgeregt zu Niklas rennen: „Die Lena hat eine Zecke am Arm". Niklas gerät in Panik: Auf irgendeiner Fortbildung hat er einmal gehört, dass Zecken Entfernen ein „medizinischer Eingriff" sei und er dies „bloß nicht" tun dürfe – „selbst wenn man die schriftliche Einwilligung dazu von den Eltern hat!" Auf der anderen Seite weiß Niklas auch, dass Zecken -aus medizinischer Sicht- schnellstmöglich entfernt werden sollen. Nun hat er sich von den Eltern vor dem Ausflug zwar einiges unterschreiben lassen- allerdings hat er keine schriftliche Einwilligung der Eltern, die Zecke zu entfernen. Er fragt sich: „Wie soll ich mich hier nur verhalten?"

Ob die Kräfte im GT-Bereich Zecken ohne Einwilligung der Eltern entfernen dürfen oder nicht, war tatsächlich -aus juristischer Sicht- **lange umstritten.** Teilweise wurde argumentiert, dass die Betreuungskräfte im schulischen

Ganztagsbereich verpflichtet sind, Zecken unverzüglich zu entfernen (weil dies eine „erforderliche Erste-Hilfe-Maßnahme sei"). Denn je später eine Zecke entfernt wird, desto größer ist die Wahrscheinlichkeit, dass die Zecke das Kind mit einer Krankheit (FSME oder Borreliose) infiziert. Gegen diese Argumentation wurde eingewendet, dass es sich bei einer solchen Zeckenentfernung durch eine GT-Kraft um einen medizinischen Eingriff handelt, der nicht mehr von der Ersten Hilfe umfasst wird und zu welchem Ganztagskräfte grundsätzlich nicht befugt sind.

Es ist deshalb zu empfehlen, **Eltern bereits bei der Anmeldung ihrer Kinder im Ganztagsbereich eine Einwilligungserklärung** unterschreiben zu lassen, in der steht, dass die Eltern **ausdrücklich damit einverstanden** sind, dass das **schulische Betreuungspersonal Zecken bei dem jeweiligen Kind entfernen darf.**

Spielen wir das Szenario des obigen Falls einmal durch und gehen davon aus, dass Niklas sich von den Eltern vorab eine Einwilligung zur Zeckenentfernung hat geben lassen, sie aber aus Angst des auf einer Fortbildung gehörten Gerüchts („bloß nicht entfernen, das ist ein medizinischer Eingriff, auch wenn Du die Einwilligung der Eltern hast") die Zecke nicht entfernt, sondern mit dem befallenen Kind an diesem Sommertag zum Arzt geht: Das Wartezimmer ist überfüllt von Sommergrippe-, und Badeunfallpatienten, sodass es vom Entdecken der Zecke bis zur Entfernung der Selbigen drei Stunden dauert. Während dieser Wartezeit hat sich die Zecke bereits entleert und die oft qualvolle Krankheit übertragen. Was werden die Eltern tun? Sie verklagen die Betreuungskraft wegen unterlassener Hilfeleistung und fordern zivilrechtlich Schadensersatz.

Nach Rücksprache eines Juristen mit einem Vertreter der Gesetzlichen Unfallversicherung (GUV) wurde mitgeteilt, auch „ohne Einwilligung der Eltern" dürfe „man eine Zecke entfernen". Das stimmt, falls man das Entfernen einer Zecke als eine Maßnahme der „lebensrettenden Ersten Hilfe" einstuft. Dies ist allerdings nicht so klar zu sehen und könnte ein Gericht auch anders einordnen. Zudem ist derjenige, der die Zecke entfernt, nur bei leichter Fahrlässigkeit von der Haftung befreit. Ob allerdings bei unsachgemäßem Vorgehen vielleicht nicht doch grobe Fahrlässigkeit vorliegt, darüber kann man sich ebenso juristisch streiten und ist aufgrund der rechtlichen Lage viel zu unsicher.

Fazit zu Fall 6:

Die GT-Betreuungskraft Niklas muss, sobald sie die Zecke bei Lena entdeckt, tätig werden. Es wäre unzulässig, einfach abzuwarten, denn die Zecke muss schnellstmöglich entfernt werden, um Lena vor der Übertragung von Krankheitserregern zu schützen. Falls von den Eltern keine schriftliche Einverständniserklärung hierfür vorliegt, ruft Niklas die Eltern des betroffenen Kindes an und holt sich zu seiner eigenen Absicherung per SMS oder WhatsApp die beweisbare Zustimmung zum Entfernen der Zecke.

Siehe hierzu die Praxishilfe im Anhang (Vollmacht Zecken).

Fall 7: Kühlakkus und Corona

Die Mitarbeiterin einer Nachmittagsbetreuungsgruppe, Petra, gibt an Schulkinder im Bedarfsfall Kühlaggregate heraus. Diese Vorgehensweise können danebenstehende Kinder auch mehrfach bestätigen. Diese „Kühlakkus" werden in einem Gefrierschrank im Sanitätsraum gelagert. Eines Mittags erscheint ein Vater mit einem Zeugen in der Betreuungsgruppe, der sich wiederholt in Streitigkeiten mit der Schulleitung befindet, und bittet die Mitarbeiterin Petra um Öffnung des Gefrierschranks, in welchem sich die Kühlaggregate befinden und um die Herausgabe der Kühlakkus. Er macht einen Abstrich auf einem Kühlakku und zeigt die Mitarbeiterin Petra bei dem Schulträger an wegen Verletzung des Deutschen Infektionsschutzgesetzes.

Studierende der Fakultät für Angewandte Psychologie der SRH Hochschule Heidelberg haben im Rahmen eines Experimentalpraktikums das Händewaschen von erwachsenen Toilettenbesuchern untersucht. Es ist davon auszugehen, dass die Zahl der nicht richtig durchgeführten Händewaschungen bei Schulkindern wesentlich höher ausfällt. Kinder fassen jeden Tag die Türklinke der Betreuungsräume an, sie benutzen Stifte der Betreuungskräfte, geben der GT-Betreuungskraft die Hand etc. Das im Hinterkopf behaltend, kommen wir zurück zu den Kühlakkus: Erlaubt ist zunächst einmal die Herausgabe von **einmal zu benutzenden Coldpacks**, die meist durch einen „Knick-Knack-Mechanismus" eine Kühlung hervorrufen. Diese werden einmal benutzt und dürfen nach Nutzung durch den Schüler A nicht mehr an den Schüler B ausgegeben werden. Viele Schulen lehnen diese zugebenermaßen recht teuren „Einmalpacks“ aus Kostengründen ab.

Die zweite Möglichkeit ist das Hinzuziehen einer **Kühlakkuzellstofftasche**. In diese werden die „klassischen Kühlakkus“ **nach vorheriger Desinfektion** eingeführt und auf die Verletzung des Schülers gelegt. Nach Benutzung wird diese „Kühlakkuzellstofftasche“ wieder entfernt, der Kühlakku erneut desinfiziert und in den geeigneten Kühlschrank, der ausschließlich für diese Kühlakkus bestimmt sein muss (keine Nahrungsmittel!), gelegt.

Die günstigste Möglichkeit ist die Desinfektion eines Kühlakkus und das **Umlegen eines sterilen Wundtuchs** (in der Apotheke erhältlich).

Andere, wenn auch kreative Maßnahmen wie z. B. Eiswürfelbeutel in Mülltüten, Papierhaushaltstücher um Kühlaggregate oder ähnliches sind keine geeigneten Hygienemaßnahmen im Umgang mit Kühlaggregaten. Gerade zu Zeiten wie der Corona-Pandemie achten Eltern sehr sensibel auf die Einhaltung der Hygienevorschriften in den Schulen.

Logisch erscheint ein solch konsequenter Umgang mit diesen Kühlaggregaten schon. Beispiel: Das erste Kind fällt im Pausenhof auf das Steißbein, geht zur Betreuungskraft und diese gibt dem Pausenkind das Kühlaggregat. Dieses legt den Kühlakku auf seine offene Wunde am Steißbein. Das Kind gibt der Betreuungskraft daraufhin den Kühlakku zurück. Diese legt ihn ohne Desinfektion zurück in den Kühlschrank. Das nächste Schulkind hat Zahnschmerzen und bittet um Herausgabe des Akkus. Die Betreuungskraft gibt den undesinfizierten Kühlakku, welcher eben noch in der Hinternregion des ersten Schulkindes war, dem zweiten Schulkind. Dieses legt sich den Kühlakku an die Wange. Daraufhin gibt das zweite Schulkind den Akku der Betreuungskraft wieder zurück. Das nächste Schulkind war den ganzen langen Sommer-Schultag bei 36 Grad barfuß in Stoffturnschuhen und hat sich den Fuß überdreht. Der Kühlakku landet an der Ferse des dritten Schulkinds usw.

Stellt sich abschließend nun die Frage: Gibt es eine gesetzliche Grundlage für einen solch konsequenten Umgang mit den Kühlaggregaten?

Ja, die gibt es, und zwar genau seit 2001 – durch Einführung des deutschen Infektionsschutzgesetzes.

Das Infektionsschutzgesetz (IfSG) trat am 1.1.2001 in Kraft und stellte das System der meldepflichtigen Krankheiten in Deutschland auf eine neue Basis. Das IfSG regelt, welche Krankheiten bei Verdacht, Erkrankung oder Tod und welche labordiagnostischen Nachweise von Erregern meldepflichtig sind. Weiterhin legt das Gesetz fest, welche Angaben von den Meldepflichtigen gemacht werden und welche dieser Angaben vom Gesundheitsamt weiter übermittelt werden:

§ 1 IfSG Zweck des Gesetzes

(1) Zweck des Gesetzes ist es, übertragbaren Krankheiten beim Menschen vorzubeugen, Infektionen frühzeitig zu erkennen und ihre Weiterverbreitung (von Bakterien, Krankheiten und Keimen) zu verhindern.

(2) Die hierfür notwendige Mitwirkung und Zusammenarbeit von Behörden des Bundes, der Länder und der Kommunen, Ärzten, Tierärzten, Krankenhäusern, wissenschaftlichen Einrichtungen sowie sonstigen Beteiligten soll entsprechend dem jeweiligen Stand der medizinischen und epidemiologischen Wissenschaft und Technik gestaltet und unterstützt werden. Die Eigenverantwortung der Träger und Leiter von Gemeinschaftseinrichtungen, Lebensmittelbetrieben, Gesundheitseinrichtungen sowie des Einzelnen bei der Prävention übertragbarer Krankheiten soll verdeutlicht und gefördert werden.

Umgesetzt werden soll (und wird bereits) das Infektionsschutzgesetz durch die von Bundesland zu Bundesland variierenden Rahmenhygienepläne für Schulen und Kindertagesstätten.

Fazit zu Fall 7:

Betreuungskräfte im Ganztagsbereich stehen -insbesondere seit Bestehen der Coronapandemie – unter sehr sensibler Beobachtung der Eltern. Die Handreichungen der Kultusministerien zu den Hygiene- und Sicherheitsvorschriften in den Schulen sollten sorgfältig und in der Betreuungsgruppe gemeinsam im Team besprochen werden: **Wie setzen wir konkret bei uns in der Betreuung Infektionsschutzgesetz, Rahmenhygieneplan und Handreichungen zum Umgang während der Coronapandemie um?** (Protokoll der Teamsitzung anfertigen und aufbewahren!). Es ist bei einer solchen Besprechung neben der unabdingbaren Kenntnis des novellierten Infektionsschutzgesetzes insbesondere auch auf die landeseigenen Rahmenhygienepläne für Schulen und Kindertageseinrichtungen zu achten. Wichtig ist hierbei auch, die Umsetzung der Corona-ArbSchV in Schulen zu kennen.

Fragen und Antworten hierzu gibt die DGUV ausführlich hier: https://dguv.de/corona-bildung/schulen/faq/index.jsp

Fall 8: Das Schülertaxi

In der Ganztagsschule „Michael-Ende“ stellt sich in der Praxis der Nachmittagsbetreuung immer wieder die Transportfrage: Können wir die zehn Betreuungskinder nicht mit unseren Privat-Pkws in die Bibliothek fahren und so den Bus sparen? Kann ich Jan nicht auf meinem Heimweg zu Hause abliefern, damit sich seine erkältete Mutter nicht auf den Weg machen muss? Ein erkranktes Kind kann ich doch schnell selbst „mal eben“ zum Arzt fahren, dafür brauchen wir doch keinen Rettungswagen! Oft erscheint es daher den GT-Betreuungskräften schneller, billiger oder praktischer, den eigenen Pkw zur Beförderung der Kinder einzusetzen. Aber wer haftet bei einem Unfall?

Kinder und Beschäftigte in der Schule sind bei einem Wegeunfall **gesetzlich unfallversichert.** Dazu fallen auch die Wege von und zur Schule. Zu beachten ist aber: Die gesetzliche Unfallversicherung deckt immer **nur Personenschäden** ab. Dazu zählen Heilbehandlungskosten, Rentenzahlungen bei dauerhaften Verletzungsfolgen sowie Rentenzahlungen an Hinterbliebene. Sachschäden sind in der gesetzlichen Unfallversicherung hingegen nicht versichert. Vielmehr gelten bei einem Unfall die allgemeinen Grundsätze der KFZ-Haftpflichtversicherung, also:

Erster Fall: Die Gegenseite hat Schuld. Der Schaden an Ihrem Fahrzeug wird von der Versicherung des Unfallgegners reguliert.

Zweiter Fall: Sie haben Schuld und sind vollkaskoversichert: Sämtliche Sachschäden werden von Ihrer Versicherung reguliert. Sie selbst tragen Ihre eventuelle Selbstbeteiligung und die Mehrkosten aufgrund der Höherstufung in der Versicherung.

Dritter Fall: Sie haben Schuld und sind teilkaskoversichert. Ihre Versicherung reguliert nur den Schaden Ihres Unfallgegners. Den Sachsachaden am eigenen Auto tragen Sie selbst. Hinzu kommt noch die Höherstufung in der Versicherung.

Bevor Sie Ihr Auto für einen solchen riskanten Kindertransport daher zur Verfügung stellen, sollten Sie als GT-Betreuungskraft folgende Punkte abklären:

Erstens: **Was sagt Ihr Arbeitsvertrag?** In den Arbeitsverträgen der meisten Träger ist der Transport von Kindern der Schule in Privat-PKWs der Betreuungskräfte ausdrücklich verboten. Prüfen Sie daher unbedingt, ob dies auch auf Ihren Arbeitsvertrag zutrifft. Verstoßen Sie gegen dieses Verbot, führt dies zwar nicht zum Wegfall des Versicherungsschutzes für Sie und die Kinder aus gesetzlicher Unfallversicherung und KFZ-Haftpflichtversicherung. Es werden sich aber mit Sicherheit arbeitsrechtliche Konsequenzen, wie z. B. eine Abmahnung oder Schlimmeres, für Sie ergeben.

Zweitens: Was bestimmt Ihr **KFZ-Versicherungsvertrag**? Ihr Versicherungsvertrag gibt Ihnen Auskunft darüber, ob Sie im Schadensfall auf einem Vermögensschaden sitzen bleiben, weil Ihr PKW nur teilkaskoversichert ist. In diesem Fall sollten Sie von einer Beförderung ohnehin grundsätzlich absehen. Aber auch bei einer Vollkaskoversicherung sollten Sie sich eine Kindsbeförderung wegen der selbst dann noch bestehenden oder beschriebenen Nachteile gut überlegen. Ansonsten kann der schöne „Ausflug“ teure und langwierige Konsequenzen haben.

Drittens: Sie brauchen die **Einverständniserklärung der Eltern.** Unabhängig von der versicherungsrechtlichen Fragestellung in einem solchen Fall ist eine Mitnahme des Kindes nicht vom Schulbetreuungsvertrag der Eltern mit der Schule abgedeckt und gilt als „Extra“. Das bedeutet: Sie müssen hierfür in jedem Fall das Einverständnis der Eltern einholen. Manche Eltern haben prinzipiell etwas dagegen, dass ihr Kind in einem fremden Auto mitfährt. Das Einverständnis sollten Sie sich unbedingt schriftlich geben lassen und zu Ihren Unterlagen nehmen!

Viertens: Während der Fahrt ist besondere **Vorsicht** geboten. Wenn Sie Kinder transportieren, müssen Sie es vorschriftsmäßig tun. Ansonsten wird die gesetzliche Unfallversicherung zwar für die Heilbehandlungskosten und sonstigen Folgekosten wie Reha-Maßnahmen, Hilfsmittel etc. aufkommen, Sie aber nachfolgend in Regress nehmen. Für so manchen Unfallverursacher bedeutete dies schon der finanzielle Ruin. Sie dürfen sich daher während der Fahrt nicht grob fahrlässig verhalten, also bspw. bei Rot über eine Ampel fahren, zu schnell fahren oder gar Restalkohol von der Familienfeier vom vergangenen Abend im Blut haben. Weiterhin müssen Sie das Kind vorschriftsmäßig sichern; das bedeutet: Das Kind sitzt korrekt angeschnallt auf einem für die jeweilige Alters- und Gewichtsklasse zugelassenen Kindersitz und der Kindersitz selbst ist korrekt und vorschriftsmäßig montiert.

Fazit zu Fall 8:

Die GT- Betreuungskräfte der „Michael-Ende-Schule“ müssen mit ihrem Träger klären, ob solche Fahrten in ihrem Arbeitsvertrag ausdrücklich genehmigt oder verboten sind. Zum Zweiten benötigen die Betreuungskräfte eine generelle Einverständniserklärung der Eltern (schriftlich!). Fehlt eine generelle Einverständniserklärung in den Unterlagen, müssen diese im konkreten Fall eingeholt werden, wenn nötig per SMS oder auch fernmündlich- dann aber unter Zeugen!

Fall 9: Das Feuerzeug oder: Wann beginnt die Aufsichtspflicht im schulischen Ganztag?

Der kleine Leon wird kurz vor den Weihnachtsferien mittags von seinem Vater zur Nachmittagsbetreuung in die Ganztagseinrichtung gebracht. An der Eingangstür verabschiedet sich der Vater von Leon. Leon geht daraufhin allerdings nicht in seine Betreuungsgruppe, sondern unbemerkt in einen Besprechungsraum der Lehrer, um dort in Ruhe „einmal rumzustöbern". Erst eine dreiviertel Stunde später wird Leon zufällig von einer Betreuungskraft hier entdeckt, während der gerade versucht, mit einem dort befindlichen Feuerzeug die Kerze des Adventskranzes anzuzünden. Die Betreuungskräfte fragen sich: Hatte die GT-Einrichtung bereits die Aufsichtspflicht für Leon oder hätte der Vater Leon in seine Gruppe bringen müssen?

Wo und wann die Aufsichtspflicht einer Ganztagseinrichtung beginnt, hängt stets davon ab, was zwischen den Personensorgeberechtigten, in der Regel also den Eltern, und der Einrichtung im Betreuungsvertrag vereinbart oder in der kommunalen Satzung geregelt ist. Freie Träger regeln ihre Rechtsbeziehungen zu den sorgeberechtigten Eltern oder zu den Pflegeeltern durch Betreuungsvertrag und durch Ganztags- oder Hausordnung, die zum Inhalt des Betreuungsvertrags erklärt werden.

Kommunale Träger können ihre Rechtsbeziehungen durch Vertrag oder durch eine kommunale Satzung und Benutzungsordnung regeln. Meist schließen sie hierzu Betreuungsverträge und regeln damit z. B. die Öffnungszeiten oder die Besuchsgebühren durch eine Satzung.

Ausdrücklich geregelt ist hierbei immer auch die Öffnungszeit der Einrichtung. **Wo die Aufsichtspflicht beginnt,** ist stets danach zu beantworten, was

stillschweigend – ergo, weil üblich und den Umständen nach selbstverständlich – von **beiden Seiten als geltend** angesehen werden darf. Maßgeblich ist hierbei die Sicht eines objektiven Dritten. Mit dem objektiven Dritten ist juristisch die Allgemeinheit gemeint. Es kommt also darauf an, wie die Allgemeinheit und nicht die einzelne Betreuungskraft im Ganztagsangebot (das wäre nämlich sonst eine subjektive Sicht) die Situation sieht.

Wenn also z. B. ein Kind unbegleitet die Einrichtung besuchen darf, beginnt die Aufsichtspflicht hinter der Gartentür oder der Haustüre. Mit der Tür oder dem Zaun zeigt die Einrichtung, dass das dahinterliegende Gelände/Haus/die Räume zu ihrem Verfügungsbereich gehört, d. h. es gehört also zu dem Bereich, wo die GT-Einrichtung „das Sagen" hat. Und wo jemand „das Sagen" hat, trägt er auch die Verantwortung über die angemeldeten GT-Kinder. Der rechtlichen Klarheit wegen empfiehlt es sich daher, die GT-Einrichtung geschlossen zu halten und nur z. B. auf ein Klingeln hin zu öffnen. Das bedeutet allerdings noch nicht, dass auch immer die Aufsichtspflicht verletzt wäre, wenn ein Kind innerhalb des Zauns oder der Türe etwas zustößt. Dazu ist jedoch vorausgesetzt, dass die Aufsichtspflichtigen im GT-Bereich den Anforderungen der Aufsichtsführung schuldhaft nicht gerecht wurden. Entsprechend des eben Angeführten haben die Eltern bzw. Pflegeeltern auf dem Weg zur GT-Einrichtung die Aufsichtspflicht. Sobald das Kind die Tageseinrichtung betritt, endet deren Verantwortung. Dann kann eben auch stillschweigend angenommen werden, dass sich um das Kind seitens der Betreuerkräfte persönlich gekümmert wird.

Eltern können nicht annehmen, dass ein Kind **vor** der Öffnungszeit in die GT-Einrichtung eingelassen wird. Kommt ein Kind tatsächlich vor der Öffnungszeit in der Einrichtung an und macht es z. B. einen Spaziergang, weil die Tür der Einrichtung noch nicht geöffnet ist, haben eindeutig die Eltern die Verantwortung. Ein Kind braucht vor der vereinbarten Öffnungszeit nicht eingelassen zu werden, es sei denn andere Umstände (Witterung, Baustelle, Verkehrsgeschehen) sind so ungünstig bzw. bringen das Kind in Gefahr, dass von der GT-Einrichtung stillschweigend erwartet werden muss, dass sie das Kind vor der Öffnungszeit einlässt. Wird dann ein Kind vor der Öffnungszeit eingelassen, besteht natürlich und selbstverständlich die Aufsichtspflicht für die Betreuungskräfte. Sie nimmt das stillschweigende Angebot der Eltern – in diesem Fall überbracht durch das Kind-, das Kind ausnahmsweise früher in Obhut zu nehmen, an.

Falls ein Kind unbegleitet die Einrichtung besuchen darf, sollte man unbedingt vereinbaren, dass Kinder entschuldigt werden müssen, wenn diese nicht kommen. Dann nämlich braucht sich die Einrichtung nur um die Kinder zu kümmern, die unentschuldigt nicht erschienen sind (Anruf bei den Eltern, Rückfrage bei den Lehrern).

Wird ausdrücklich vereinbart (oder z. B. durch Benutzungsordnung) geregelt, dass die Kinder in die GT-Einrichtung zu bringen und damit dem pädagogischen Betreuungspersonal übergeben werden, beginnt die Aufsichtspflicht mit der Übergabe des Kindes.

Fazit zu Fall 9:

Im oben aufgezeigten Fallbeispiel liegt die Aufsichtspflicht für Leon, während er im Besprechungsraum spielt, bei den Kräften der GT-Betreuung, auch wenn diese gar nicht bemerkt haben, dass Leon von seinem Vater in die Einrichtung gebracht wurde. Hätte Leon mit dem Feuerzeug einen Schaden angerichtet, wären die Kräfte des GT-Bereichs hierfür verantwortlich.

Fall 10: Die Hintertür oder: Wann endet die Aufsichtspflicht im GT-Bereich?

Zur Abholzeit einer GT-Einrichtung an einer Grundschule spielen die Kinder auf dem Schulhof. Als Henrys Vater auf den Schulhof kommt, winkt Henry seinem Vater kurz zu, spielt dann aber mit den anderen Kindern weiter Prellball. Da der Sohn noch beim Spielen ist, nutzt Henrys Vater die Zeit, um mit der Erzieherin über den bevorstehenden Ausflug der GT-Einrichtung zu sprechen. Vater und Betreuungskraft sehen nicht, dass Henry derweil durch das Hintertürchen des Außengeländes unachtsam auf die Straße gerannt ist, um den Prellball zu suchen…

Die Aufsichtspflicht der GT-Einrichtung endet entsprechend der Vereinbarung mit den sorgeberechtigten Eltern bzw. den Pflegeeltern des entsprechenden aufgenommenen Kindes. Da beide Partner der Vereinbarung dem Wohl des Kindes gesetzlich verpflichtet sind – die Personensorgeberechtigten aufgrund §§ 1627, 1631 BGB, die GT-Einrichtung aufgrund Vertrags bzw. kommunaler Satzung –, müssen diese Vertragspartner absprechen, wie das Kind nach Ablauf der Öffnungszeiten nach Hause gelangen soll. Ob das Kind allein heimgehen darf oder ob es abgeholt wird und wer zur Abholung berechtigt ist, kann im Aufnahmevertrag oder durch eine gesonderte Erklärung bestimmt werden.

Wird ein Kind vereinbarungsgemäß abgeholt bzw. findet eine **ordnungsgemäße Übergabe** statt, endet die Aufsichtspflicht für die Betreuungskraft mit dem Inempfangnehmen des jeweiligen Kindes durch die abholberechtigte Person.

Die Aufsichtspflicht der GT-Einrichtung lebt auch dann nicht wieder auf, wenn sich die abholberechtigte Person z. B. mit anderen Eltern (Abholern) oder Betreuungskräften unterhält und dabei das Kind unbeaufsichtigt lässt. Allerdings muss eine ordnungsgemäße Übergabe stattgefunden haben.

Von einer **ordnungsgemäßen Übergabe** kann man ausgehen, wenn sich die **GT-Kraft vom Kind verabschiedet und die abholende Person das Kind in Empfang** genommen hat.

In Empfang genommen wurde das Kind von der abholberechtigten Person, wenn diese das Kind nicht nur begrüßt hat, sondern sich das Kind auch **wenigstens eine Zeit lang in die räumliche Nähe der abholberechtigten Person** begeben hat.

Die Aufsichtspflicht ist von der Ganztagseinrichtung auf die abholberechtigte Person demnach übergegangen, wenn

1. Das Kind sich von der Betreuungskraft verabschiedet hat und
2. von der abholberechtigten Person in Empfang genommen wird, d. h. von der abholberechtigten Person begrüßt wurde und sich eine Zeit lang in die räumliche Nähe („Hohheitsgebiet“) der abholberechtigten Person begeben hat.

Fazit zu Fall 10:

In oben aufgezeigtem Fallbeispiel lag die Aufsichtspflicht noch bei der Betreuerin des schulischen Ganztags. Durch das „kurze Winken“ von Henry ist die Aufsichtspflicht noch nicht auf Henrys Vater übergegangen. Dafür wäre es erforderlich gewesen, dass sich Henry zumindest für kurze Zeit zu seinem Vater gesellt und der Erzieherin deutlich gemacht hätte, dass er **jetzt nach Hause geht.**

Die Aufsichtspflicht wurde in dem oben vorgestellten Fall durch die Betreuerin verletzt, denn das Hintertürchen der schulischen Außenanlage hätte beaufsichtigt werden müssen, sodass die anvertrauten Kinder nicht auf die Straße laufen können.

Fall 11: Die Magen-Darm-Grippe oder: Aufsichtspflicht auf dem Nachhauseweg aus der GT-Einrichtung

> Einem zehnjährigen Schüler einer Schule in NRW wurde während der Betreuung in einer schulischen GT-Einrichtung aufgrund einer Magen-Darm-Grippen-Erkrankung schlecht. Der GT- Betreuer rief daraufhin die Mutter an, um über das Unwohlsein des Sohnes zu berichten und bat um Abholung des erkrankten Kindes durch die Mutter. Diese teilte daraufhin dem Betreuer mit, der Sohn sei „alt genug", um den Weg nach Hause alleine zurücklegen zu können. Der Betreuer entsprach dem Willen der Mutter. Der Schüler verließ daraufhin das Schulgebäude, um seinen Nachhauseweg allein anzutreten. An einer auf dem Heimweg befindlichen Straßenbahnstrecke, die er überqueren musste, wurde der entlassene Schüler von einer vorbeifahrenden Straßenbahn erfasst und überfahren.

Wenn die Personensorgeberechtigten oder die Pflegeeltern erklären, dass das Kind allein heimgehen darf und die GT-Einrichtung damit einverstanden ist, sind die Personensorgeberechtigten bzw. die Pflegeeltern dafür auch verantwortlich.

Das Kind darf allerdings ohne Absprache nicht vorzeitig auf den Heimweg geschickt werden.

Die Aufsichtspflicht der GT-Einrichtung verlängert sich über die Öffnungszeit hinaus, sofern gefahrenerhöhende Umstände eingetreten sind und diese von den Eltern bei der Abgabe der Erklärung (dass das Kind allein nach Hause gehen darf) nicht vorauszusehen waren und deswegen bei ihrer Entscheidung auch nicht berücksichtigt werden konnten; in den Fällen also, bei denen **bei vernünftiger und verantwortungsbewusster Einschätzung der Situation die Annahme gerechtfertigt ist, dass die von den Eltern**

abgegebene Erklärung unter den gegebenen Umständen nicht mehr deren Willen entspricht. Als Umstände dieser Art lassen sich anführen: Erkrankung, Schneesturm, Gewitter, Ausbruch eines Häftlings aus lokaler Strafanstalt etc.). In solchen Fällen hat die GT-Einrichtung eine durch den Aufnahmevertrag begründete **Garantenpflicht.** Sie muss dafür sorgen, dass das zu betreuende Kind ungefährdet nach Hause kommt, dass es abgeholt oder heimgebracht wird oder so lange in der Schule verbleibt, bis die Gefahr vorüber ist.

Der Begriff Garantenpflicht kommt aus dem Strafrecht. Der Grundgedanke der Garantenpflicht wird in § 13 StGB geregelt. Hiernach kann jemand, also auch eine Betreuungskraft in einer GT- Einrichtung, unter bestimmten Voraussetzungen aufgrund eines „Nichtstuns" strafrechtlich belangt werden – denn eigentlich hätte er etwas tun müssen, um eine Gefahr abzuwehren. Daher heißt die Überschrift zu § 13 StGB auch *„Begehen durch Unterlassen"*.

Dem Garanten obliegt die Pflicht, Rechtsgutbeeinträchtigungen von der durch ihn zu schützenden Person **bestmöglich in zumutbarer Weise abzuwenden.**

So haben bspw Betreuungskräfte im GT-Bereich unter Einhaltung der Aufsichtspflicht dafür Sorge zu tragen, dass den ihnen anvertrauten Kindern für die Zeit der Betreuung kein körperlicher Schaden entsteht. In diesem Hinblick sind sie somit als „Beschützergaranten" zu bezeichnen.

Garantenstellung

Es gibt nach der Rechtsprechung im Rahmen des § 13 StGB (s. o.) eine Reihe von unterschiedlichen Lebenssachverhalten, die zu einer sog. Garantenstellung einer Betreuungskraft führen können:

- Garantenstellung aus Gesetz;
- aus tatsächlicher oder vertraglicher Gewährsübernahme;
- aus besonderem Vertrauensverhältnis;
- aus Ingerenz (tatsächliche Herbeiführung einer Gefahrenlage, schuldhaftes Vorverhalten);
- aus Verantwortlichkeit für eine Gefahrenquelle.

Zum Beispiel sind die Eltern sog. Beschützergaranten für ihre Kinder; auch die vertraglich, zumeist durch Arbeitsvertrag, übernommene Pflicht zur Beaufsichtigung Dritter, wie sie im Betreuungsvertrag angelegt ist, begründet die Garantenstellung (sog. Überwachergaranten) für das betreffende GT-Betreuungspersonal.

Wie bereits im vorangegangenen Fall dargestellt, endet die Aufsichtspflicht der GT-Einrichtung dann, wenn das Kind der abholberechtigten Person **ordnungsgemäß übergeben wurde oder wenn das Kind die Einrichtung vereinbarungsgemäß verlassen** hat.

Die **Einrichtung ist daher gesetzlich verpflichtet, klare Absprachen mit den Personensorgeberechtigten zu treffen, ob und von wem das Kind abgeholt wird oder ob das Kind allein nach Hause gehen darf.**

Fazit zu Fall 11:

Wünschen sich die Eltern, dass ihr Kind allein nach Hause geht, ist grundsätzlich nichts dagegen einzuwenden, es sei denn die Betreuungskräfte halten dies wegen der **Gefährlichkeit des Heimwegs** für unverantwortlich. Wenn bspw. auf dem Nachhauseweg ein Unwetter, ein (Schnee-)sturm droht, eine akute Bedrohungslage für das Kind besteht, das Kind sich krank fühlt, müssen die GT-Kräfte darauf bestehen, dass das Kind abgeholt wird. Die Betreuungskräfte haben eine **Fürsorgepflicht** für die ihnen anvertrauten Kinder. Sie dürfen die Kinder deshalb nicht wider besseren Wissens in eine Gefahr entlassen, auch wenn Eltern dies ausdrücklich wünschen.

Im angeführten Fallbeispiel 10 sollte die Mutter aus **Beweisgründen ihre Erlaubnis**, dass der zu betreuende Junge allein nach Hause gehen darf, der Einrichtung **schriftlich** (via Mail, SMS oder Fax) zukommen lassen. Die Aufsichtspflicht der GT-Betreuung endet dann, sobald der Schüler die Einrichtung verlassen hat. Die Verantwortung für den Nachhauseweg liegt bei den Eltern der Kinder. Sind die Betreuungskräfte allerdings der Überzeugung, dass es unverantwortlich sei, das zu betreuende Kind allein nach Hause gehen zu lassen, sind sie verpflichtet, darauf zu bestehen, dass das Kind abgeholt wird.

Fall 12: Das Geschwisterkind

In einer Ganztagsschule in der Großstadt Hamburg haben Eltern entschieden, dass ihre siebenjährige Tochter Greta zukünftig von der zehnjährigen Schwester Marie, die in die 4. Klasse der selben Schule geht, abgeholt wird. Die Betreuungskräfte sind sich unsicher, ob beide den Nachhauseweg, vorbei an der stark befahrenen Stresemannstraße, auch wirklich sicher antreten können und Marie in der Lage ist, die Gefahren für ihre jüngere Schwester Greta abzuschätzen.

Wenn Eltern ihre Kinder von einem **Geschwisterkind** aus der GT-Einrichtung abholen lassen wollen, sind die Betreuungskräfte verpflichtet zu entscheiden, ob dies auch so zu verantworten ist. Aufgrund ihrer Fürsorgepflicht dürfen diese das ihnen anvertraute GT-Kind dem Geschwisterkind nicht mitgeben, wenn dies offensichtlich zu jung oder der Nachhauseweg zu gefährlich ist. Pädagogische Fachkräfte dürfen Kinder **nicht wider besseren Wissens in eine konkrete Gefahr** entlassen.

Um den GT-Betreuungskräften die Entscheidung, wann sie einem Kind Geschwisterkinder mitgeben dürfen, abzunehmen, haben manche Träger bereits im **GT-Betreuungsvertrag** festgelegt, dass abholberechtigte Geschwisterkinder z. B. ein bestimmtes Alter, ein **Mindestalter,** erreicht haben müssen.

Ebenso ist es zulässig, dass der Träger der GT-Betreuung im GT-Betreuungsvertrag eine Bring-oder Abholpflicht durch vorher klar definierte Personen zu einer Vertragsbedingung macht.

Fazit zu Fall 12:

Sofern im Betreuungsvertrag nicht bereits ein Mindestalter der abholberechtigten Personen genannt ist, sollten die Betreuungskräfte von Greta zusammen mit den Eltern vereinbaren, dass ihre Tochter von einer anderen Person abgeholt wird, wenn sie der Auffassung sind, dass Bruder oder Schwester zu jung oder der Nachhauseweg zu gefährlich ist.

Fall 13: Die Alkoholfahne

In einer Ganztagsschule wird die kleine Siri nachmittags durch die GT-Betreuungskräfte Christian und Katrin betreut. Bei der Abholung von Siri durch ihren Vater Wolfgang stellen beide Betreuungskräfte -unabhängig voneinander- fest, dass der Vater von Siri stets eine Alkoholfahne hat und

> stark angetrunken wirkt. Sie sind sich unsicher, ob sie die kleine Siri ihrem Vater Wolfgang mitgeben dürfen.

Grundsätzlich: Abholberechtigt sind die Personensorgeberechtigten und die von ihnen beauftragten Personen. Drohen dem Kind seitens des Abholers **erkennbare Gefahren,** dann darf die Einrichtung ihm das Kind nicht überlassen.

Nach § 1632 Abs. 1 BGB darf zwar der Sorgeberechtigte oder von ihm beauftragte Abholer grundsätzlich das Kind von jedem herausverlangen, der es ihm widerruflich vorenthält. Da aber der Sorgeberechtigte (bzw. von ihm beauftragte Abholer aus der GT-Einrichtung) das Wohl des Kindes nach § 1627 BGB zu berücksichtigen hat, ist jedes Verlangen der Herausgabe rechtsmissbräuchlich und damit unzulässig, falls es das **Kindeswohl** nicht beachtet. Demgemäß hat der Abholer dann keinen Anspruch auf Überlassung des Kindes, und die GT-Einrichtung würde ihre im obigen Fall 10 beschriebene Garantenpflicht verletzen, wenn sie das Kind einer Gefährdung durch den Abholer aussetzt.

Fazit zu Fall 13:

Beabsichtigt ein von den Personensorgeberechtigten Beauftragter, im angetrunkenen Zustand das Kind abzuholen, müssen sofort die **Sorgeberechtigten verständigt** werden. Möchte, wie im aufgezeigten obigen Fall, ein angetrunkener Sorgeberechtigter selbst sein Kind abholen, sollte sofort der **andere Elternteil verständigt** werden. Ist dieser nicht erreichbar oder nicht in der Lage, das Kind zu schützen, sind **Jugendamt und Polizei** zu verständigen und zu bitten, das Kind in Obhut zu nehmen. Der Vorfall ist unverzüglich dem Träger zu melden. Dieses Vorgehen sollte in einer **Dienstanweisung** fest geregelt sein.

Siehe hierzu auch die Praxishilfe im Anhang (Dienstanweisung: Umgang mit alkoholisierten Abholern bei Abholung aus der GT-Einrichtung).

Fall 14: Die Praktikantin

> In der Ganztagsschule „Bullerbü“ gibt es von Dienstag bis Donnerstag eine Nachmittagsbetreuung. Im Rahmen ihres Schulpraktikums arbeitet die

> 16-jährige Pia für die Betreuungskräfte mit. Ihre Anleiterin bittet sie, mit den vier Jungs der Gruppe auf das Außengelände zu gehen, weil diese mit den Mädchen der Gruppe ungestört basteln möchte.

Der Vertragspartner der Personensorgeberechtigten, die ein Kind in einer GT-Einrichtung unterbringen, ist in der Regel der Rechtsträger (Kommune, Kirche, Förderverein, etc.). Er übernimmt meist stillschweigend die Aufsichtspflicht und gibt diese ab (delegiert sie) – wiederum meist stillschweigend – auf den Leiter und dieser auf seiner Mitarbeiter. Träger und Leiter dürfen die Aufsichtsführung aber nur auf **geeignete Personen delegieren, d. h. auf Personen, die zur Aufsichtsführung körperlich und geistig fähig sind, genügend Lebenserfahrung besitzen, gewissenhaft und zuverlässig** sind.

Der Aufsichtspflichtige muss daher die Person, an welche er die Aufsichtsführung delegieren will, **sorgfältig auswählen** und sie über die Besonderheiten der Kinder oder andere relevante Umstände informieren, die für die Aufsichtsführung Bedeutung haben könnten. Der Aufsichtsführende darf auch **nicht überfordert** werden, z. B. durch zu wenig Personal oder eine zu große Gruppe. Wie viele Kräfte nötig sind und wie groß die Gruppe sein darf, um diese ausreichend beaufsichtigen zu können, hängt nicht nur von irgendeiner Zahl, sondern ebenso vom Alter, den Eigenheiten der zu betreuenden Kinder sowie sonstigen weiteren Umständen ab. Einen allgemein gültigen Maßstab hierzu gibt es (leider) nicht. Wenn z. B. frühmorgens oder nachmittags nur eine Betreuungskraft im Haus ist, kann diese schnell überfordert sein, wenn sich ein Kind z. B. verletzt oder aus der Einrichtung wegrennt.

Falls der Träger oder der Leiter einer ungeeigneten Person die Aufsicht abgibt oder eine an sich geeignete Person überfordert, verletzen diese selbst die Aufsichtspflicht – vorausgesetzt natürlich, dass der Schaden auf die Ungeeignetheit oder Überforderung der Aufsichtsperson zurückzuführen ist. Richter sprechen dann hiervon von einem sog. **„Organisationsverschulden“.**

Wie erwähnt, muss der Träger einer GT-Einrichtung die von ihm übernommene Aufsichtspflicht nicht persönlich erfüllen, sondern er kann sie an seine Mitarbeiter delegieren; er bleibt allerdings insoweit in der Verantwortung, als er die Aufsichtspflicht nur an Bedienstete delegieren darf, die geeignet sind, d. h. eben auch in der Lage sind, diese Aufgabe wahrzunehmen. Wer hierzu geeignet ist, hängt in erster Linie von dessen Erfahrung, persönlichen Fähigkeiten, dessen Gewissenhaftigkeit und Zuverlässigkeit ab. In der

Schule (s. angeführter Fall) werden solche Fähigkeiten und Erfahrungen bzw. Charaktereigenschaften nicht bzw. nur selten gelehrt und erworben. Die Eignung für die Aufsichtsführung ist demnach auch nicht von einer Schulausbildung abhängig. Andererseits werden während des Praktikums oder der Ausbildung Erfahrungen gesammelt sowie Kenntnisse erworben, die den Ausgebildeten (Praktikanten) befähigen, mit einer Gruppe anders umzugehen – und andere pädagogische Mittel einzusetzen – als es einem Unausgebildeten möglich ist. Daher können grundsätzlich auch ein Praktikant oder weitere pädagogisch wirkende Kräfte mit einer Aufsichtsführung betraut werden.

Sollte es zweifelhaft sein, ob die Aufsichtsperson zur Aufsichtsführung geeignet ist, wird sich rechtlich der Träger natürlich die Frage stellen lassen müssen, wie er sich und in welcher Form er sich vergewissert hat, dass die zur Aufsicht eingeteilte Person zu einer Aufsichtsführung geeignet war. Falls der Träger im Streitfall das Gericht nicht überzeugen kann, muss er selbst für die Aufsichtspflichtverletzung einstehen, vorausgesetzt, dass die Aufsichtspflicht von dem Bediensteten tatsächlich verletzt worden ist.

Da der Träger nicht von vornherein annehmen kann, dass ein Praktikant mit einer Gruppe allein zurechtkommt, muss er ihn von der Leitung oder GT-Gruppenleitung in den ersten Wochen besonders anleiten und beobachten lassen. Haben sich Leitung oder Gruppenleitung davon überzeugt, dass der Praktikant -ähnlich wie eine langjährige GT-Kraft – mit der Gruppe zurechtkommt, d. h. die Aufsichtspflicht gewissenhaft erfüllen kann, darf er genauso wie eine langjährige GT-Betreuungskraft eingesetzt werden. Unter ähnlichen Anforderungen an die Eignung können übrigens auch andere Personen (z. B. Väter oder Mütter) zur Aufsichtsführung (z. B. bei Ausflügen) eingesetzt werden.

Fazit zu Fall 14:

Betrachtet man das oben angeführte Fallbeispiel an der Ganztagsschule „Bullerbü“, so ist grundsätzlich nichts dagegen einzuwenden, dass die Anleiterin der Praktikantin Pia die Aufsichtspflicht über die vier Jungs überträgt. Vorausgesetzt, dass dies nicht gleich zu Beginn des Praktikums geschieht, sondern erst nachdem die fest angestellte GT-Kraft Pia einschätzen kann und Pia die Kinder mit all ihren wichtigen Besonderheiten und auch die Einrichtung selbst kenngelernt hat. Wenn die GT-Kraft Pia die Aufgabe überträgt, mit den Kindern allein für längere Zeit auf das Außengelände zu gehen, so sollten die festangestellten GT-Kräfte allerdings in regelmäßigen Abständen einen

„Blick nach draußen werfen", um sicherzugehen, dass Pia dieser Situation auch tatsächlich gewachsen ist.

Zusammengefasst lässt sich sagen, dass die Aufsichtspflicht damit auch an Praktikanten, Absolventen des „Bundesfreiwilligendienstes (BufDi's"), Eltern u. a. delegiert werden kann, wenn sie zur Aufsichtsführung nachweislich geeignet und mit dieser nicht überfordert sind.

Fall 15: Der Kirschbaum

Auf dem Schulhof der „Grundschule im Mandelgarten" befindet sich ein gut gewachsener Kirschbaum. Die betreuten Kinder im GT-Bereich lieben es, nachmittags auf diesen Baum zu klettern und zu spielen – mehr als auf den „langweiligen Klettergerüsten" (die jedoch TÜV-geprüft sind). Im Team der Betreuungskräfte herrscht große Ratlosigkeit: Dürfen wir die Kinder in diesen Baum klettern lassen oder nur auf den geprüften Klettergerüsten?

Es gibt zwar keine Gesetze, welche für jeden Einzelfall genau regeln, was GT-Kindern erlaubt werden darf und was nicht. Die Rechtsprechung hat jedoch verschiedene **Kriterien zur Beurteilung der Aufsichtspflicht** entwickelt, anhand derer die Betreuungskräfte im konkreten Fall abwägen und entscheiden können, was aus aufsichtsrechtlichen Gesichtspunkten zulässig ist oder verboten werden muss:

Was umfasst nun die den Betreuungskräften übertragene Aufsichtspflicht? Zunächst einmal muss festgehalten werden, dass sie weitgehend derjenigen der Eltern entspricht, da sie von diesen der Ganztagseinrichtung übertragen wurde. Ansonsten wird immer wieder auf folgende Formel des Bundesgerichtshofs (BGH) zurückgegriffen: *„Entscheidend ist, was verständige Eltern (oder Erzieher*innen, oder Betreuer*innen) nach vernünftigen Anforderungen unternehmen müssen, um die Schädigung Dritter durch ihr Kind zu verhindern. Dabei kommt es für die Haftung nach § 832 BGB stets darauf an, ob der Aufsichtspflicht nach den besonderen Gegebenheiten des konkreten Falles genügt worden ist"* (*Münder*, Beratung. Betreuung. Erziehung und Recht, 1991, S. 92). In dieser Formel wird also betont, dass **Art und Ausmaß der Aufsichtspflicht immer von den jeweils gegebenen Umständen** abhängen, dass die Anforderungen an die GT-Betreuungskräfte nicht übertrieben sein dürfen und dass diese ihren Verstand zur Ermittlung der in der **konkreten Situation** notwendigen Aufsicht einsetzen müssen. Dabei sind sowohl die pädagogischen Ziele des Kindergartens als auch das Wohl der Kinder und Dritter zu berücksichtigen. *Hundmeyer* (*Hundmeyer/ Simon*, Aufsichtspflicht in Kindertageseinrichtungen, 9. Aufl. 1995) leitet daraus folgenden Grundsatz ab: *„Was pädagogisch nachvollziehbar begründet ist (d. h. von den Erziehungszielen her gerechtfertigt ist und zugleich die Sicherheitsinteressen des Kindes und anderer mit berücksichtigt), kann keine Aufsichtspflichtverletzung sein"* (S. 10).

Kriterien für die Aufsichtspflicht

Welche „besonderen Gegebenheiten" müssen Betreuungskräfte nun in der jeweiligen Situation berücksichtigen? Was sind denn „vernünftige Anforderungen"? In der Regel ist Folgendes zu beachten:

1. Alter der zu betreuenden Kinder:
Offensichtlich ist, dass jüngere Kinder mehr Aufsicht benötigen als ältere, da sie viele Gefahren noch nicht kennen, oft unberechenbar handeln und die Folgen ihres Verhaltens häufig nicht abschätzen können.

2. Person des jeweiligen Kindes:
Wichtiger als das Alter sind der körperliche, kognitive, emotionale und soziale Entwicklungsstand des Kindes und die mit ihm gemachten Erfahrungen. Das bedeutet beispielsweise,

- dass sich eine Betreuungskraft in bei der Aufnahme eines Kindes über eventuelle Behinderungen, Gesundheitsschäden, Allergien und andere Risiken informieren bzw. von den Eltern darüber unterrichtet werden muss,
- dass die Betreuungskraft ihr unbekannte oder noch wenig bekannte Kinder (Neuaufnahmen) mehr im Auge behalten muss als Kinder, deren Verhalten sie aufgrund ihrer Vorerfahrungen mit ihnen gut abschätzen kann,
- dass sie einen unreifen, entwicklungsverzögerten Siebenjährigen mehr beaufsichtigen muss als ein gleichaltriges, aber sehr selbstständiges oder sehr gehorsames Kind.

Erhöhte Anforderungen an die Aufsichtspflicht sind auch zu stellen, wenn ein Kind z. B. zu aggressivem Verhalten neigt oder die eigenen Fähigkeiten sehr überschätzt.

Im Fallbeispiel sollte die Entscheidung, ob das Klettern erlaubt werden darf, davon abhängig gemacht werden, ob die Kinder alt genug und der Herausforderung körperlich gewachsen sind. Eine Betreuungskraft sollte sich beim Baum aufhalten, um die Kletterversuche der Kinder beobachten und – abhängig vom jeweiligen Kind – nötige Hilfestellung und Anweisungen geben zu können.

3. Art der Tätigkeit bzw. Beschäftigung:
Offensichtlich ist, dass jüngere Ganztagskinder bei gefährlichen Spielen (z. B. Mikado) oder Beschäftigungen und Aktivitäten wie z. B. Schneiden mit Scheren), oder Betätigungen (z. B. Klettern auf einem hohen Klettergerüst) mehr beaufsichtigt werden müssen als wenn sie beispielsweise friedlich im Hof spielen oder konzentriert Bilder malen.

Betrachtet man obiges Fallbeispiel mit dem Kirschbaum, dann sollte das Klettern untersagt werden, wenn der Baum für das Klettern ungeeignet ist, etwa weil er morsch ist oder sich unter dem Baum ein gefährlicher Untergrund (Teerboden, Stacheldrahtzaun, etc.) befindet.

Ist der Baum stabil, gesund gewachsen und befindet sich unter dem Baum bspw. eine Wiese, Sandboden oder vielleicht sogar Fallschutzmatten, sollte je nach Beschaffenheit des Baums gekennzeichnet werden, wie hoch die Kinder jeweils klettern dürfen.

4. Situative Faktoren:
Auch die jeweilige Situation in der Gruppe und der Interaktionsverlauf zwischen Kindern sind zu beachten. Beispielsweise sind erhöhte Anforderungen an die Aufsichtsausübung zu stellen, wenn die Kindergruppe besonders aufgedreht und aggressiv ist („Montagssyndrom") oder sich gerade ein Streit zwischen mehreren Kindern anbahnt.

5. Räumliche und örtliche Gegebenheiten:
Ein Mehr an Aufsicht ist nötig, wenn es in den Innen- oder Außenräumen des GT-Anlage besondere Gefahrenquellen gibt (z. B. brennende Kerzen, Arbeiten an der Elektroinstallation, kaputtes Spielgerät im Schulhof). Dasselbe gilt

für den Fall, dass die Kindergruppe die Einrichtung verlässt und mit Gefahren wie Straßenverkehr, ungesichertem Bachlauf, Baustellen usw. konfrontiert wird.

6. Person der Fachkraft:
Die Betreuungskraft muss ihre eigenen Fähigkeiten und Berufserfahrungen berücksichtigen. Beispielsweise wird von einem Berufsanfänger ein eher übervorsichtiges Verhalten erwartet, darf eine Nichtschwimmerin nicht die Kinder bei einem Schwimmbadbesuch beaufsichtigen, muss sich ein gehbehinderter Erzieher mehr in der Nähe der Kinder aufhalten, damit er bei Gefahr schnell genug eingreifen kann.

Pädagogische Fachkräfte mit langjährigen Erfahrungen in der GT-Betreuung, welche die Kinder gut kennen und einschätzen können und die sich darauf verlassen können, dass diese auch auf sie hören, dürfen logischerweise viel mehr erlauben als Kollegen oder Praktikanten, die erst neu in der Einrichtung sind.

Im Fallbeispiel darf das Klettern deshalb nur von Fachkräften erlaubt werden, die die jeweiligen Kinder gut einzuschätzen wissen und sich sicher sein können, dass die Kinder ihren Aufforderungen, nicht höher zu klettern oder wieder herunterzukommen etc., auch nachkommen.

7. Zumutbarkeit der an die Fachkraft gestellten Anforderungen:
Beispielsweise darf von einem Berufsanfänger nicht dasselbe verlangt werden wie von einer erfahrenen Fachkraft. Eine Betreuungskraft darf nicht überfordert werden, indem von ihr verlangt wird, auf Dauer eine zu große Gruppe oder in gefährlichen Situationen zu viele Kinder zu betreuen. Auch dürfen die Anforderungen nicht vernünftigen pädagogischen Erwägungen zuwiderlaufen.

Im Fallbeispiel sollte das Klettern nur erlaubt werden, wenn genügend Fachkräfte auf dem Außengelände sind, sodass jeweils eine Betreuungskraft beim Baum stehen kann, um die kletternden Kinder zu beaufsichtigen.

8. Gruppengröße:
„Der haftungsrechtlichen Rechtsprechung und Praxis kann man keine generelle, einigermaßen definitive Antwort entnehmen. Nur zur Aufsicht bei Ausflügen, Wanderungen, Besichtigungen und anderen externen Unter-

nehmungen hat sich die Relation zehn Kinder auf eine Fachkraft (beim Schwimmbadbesuch auch zehn auf zwei) als einigermaßen gesicherte Richtzahl herausgebildet" (vgl. *Schmitt-Wenkebach,* Aufsichtspflicht in Tageseinrichtungen für Kinder, 1994, S. 23). Auf jeden Fall sollte die Gruppengröße auf Dauer nicht gegen die jeweiligen Landesrichtlinien verstoßen. Generell ist es aber einer Fachkraft zumutbar, für kürzere oder längere Zeit die Kinder einer anderen Gruppe mit zu betreuen. Es wird dann von ihr erwartet, dass sie z. B. auf risikoreiche Aktivitäten verzichtet und rigoroser Aufsicht führt.

Deutlich wird, dass die Aufsichtspflicht keine Dauerbeobachtung und ständige Verhaltenskontrolle der Kinder verlangt. Auch sollen Gefahren und Risiken nicht von ihnen ferngehalten werden – sofern diese von ihrem Entwicklungsstand und ihren Fähigkeiten her mit ihnen umgehen können. Kinder sollen schrittweise an Gefahren herangeführt werden; das richtige Verhalten soll möglichst selbstständig erlernt werden, also ohne Eingreifen der Betreuungskräfte.

Nach *Münder* (1991, S. 102) ist die Aufsichtspflicht *„nur Nebenpflicht, vorrangig ist die Erziehung der Minderjährigen zur Selbständigkeit und Mündigkeit".* Von zentraler Bedeutung sind hier § 1 Abs. 1 SGB VIII (= Kinder- und Jugendhilfegesetz, KJHG) – auch als Ausfluss von Art. 2 Abs. 1 GG (= Grundgesetz) – und § 9 Nr. 2 SGB VIII. Kinder haben ein Recht auf Erziehung zu Selbstständigkeit und Eigenverantwortung, auf freie Entfaltung ihrer Persönlichkeit. Das verbietet Bevormundung, Gängelei und fortwährende Kontrolle.

§ 1 Abs. 1 SGB VIII

Jeder junge Mensch hat ein Recht auf Förderung seiner Entwicklung und auf Erziehung zu einer eigenverantwortlichen und gemeinschaftsfähigen Persönlichkeit.

§ 9 Nr. 2 SGB VIII

Bei der Ausgestaltung der Leistungen und der Erfüllung der Aufgaben sind

...

2. die wachsende Fähigkeit und das wachsende Bedürfnis des Kindes oder des Jugendlichen zu selbständigem, verantwortungsbewusstem Handeln ... zu berücksichtigen, ...

Art. 2 Abs. 1 GG

Jeder hat das Recht auf die freie Entfaltung seiner Persönlichkeit, so weit er nicht die Rechte anderer verletzt und nicht gegen die verfassungsmäßige Ordnung oder das Sittengesetz verstößt.

Formen der Aufsichtsführung

Dem Vorrang der Erziehung kommt entgegen, dass es unterschiedlich intensive Formen der Aufsichtsführung gibt. Die GT- Fachkraft muss also nur dasjenige Mittel ergreifen, das vor dem Hintergrund der gerade beschriebenen Kriterien von seiner Einflussstärke her der jeweiligen Situation entspricht. Sie kann wählen zwischen:

1. Informieren, Belehren, Ermahnen:
Die Betreuungskraft muss die Kinder über mögliche Gefahren und deren Verhinderung klar und verständlich informieren, zum richtigen Umgang mit gefährlichen Objekten anleiten und Verhaltensweisen lehren, mit denen risikoreiche Situationen (z. B. im Straßenverkehr) gemeistert werden können. Sie muss sich vergewissern, ob sie verstanden wurde. Wichtig ist auch das eigene Vorbild.

2. Ge- und Verbote:
Ein exakt umschriebenes Verhalten wird verlangt bzw. untersagt. Dies ist z. B. notwendig, wenn Kinder Belehrungen und Warnungen nicht beachten, wenn sie zu wenig Einsicht zeigen, wenn sie bestimmte Verhaltensweisen noch nicht beherrschen oder wenn der Schadenseintritt sehr wahrscheinlich ist. Verbote sollten eher selten aufgestellt werden, da sie die Entwicklung von Selbstständigkeit und Verantwortungsbewusstsein erschweren.

3. Überwachen, Kontrollieren:
Auch kleine Grundschulkinder müssen nicht auf Schritt und Tritt beobachtet werden; dies ist weder der Betreuungskraft zumutbar noch pädagogisch zulässig. Die Fachkraft muss sich also nicht ständig im Raum bzw. in der Nähe der Kinder aufhalten oder fortwährend in Blickkontakt bleiben. Zumeist reicht ein häufiges, stichprobenartiges Kontrollieren. Entsprechend der vorgenannten Kriterien sind aber intensivere Überwachung und Kontrolle von (einzelnen) Kindern notwendig, wenn diese sich z. B. an frühere Belehrungen

und Verbote nicht gehalten haben, mit gefährlichen Objekten spielen oder sich in einer risikoreichen Situation (Klettern, Straßenverkehr usw.) befinden.

4. Eingreifen:
Ist ein Kind oder eine dritte Person gefährdet bzw. ist ein Sachschaden zu erwarten, dann muss die GT-Fachkraft verbal oder auch unter körperlichem Einsatz eingreifen und die Gefahrenquelle entfernen (z. B. durch Wegnehmen, Verschließen, Abbrechen des Spiels, Trennen sich prügelnder Kinder).

Hundmeyer fasst zusammen: „*Einem Erzieher*in kann nicht begründet der Vorwurf der Aufsichtspflichtverletzung gemacht werden, falls er sich über die persönliche Verfassung des Kindes und über die sonstigen Umstände, die für die Aufsichtsführung Bedeutung haben, informiert, das Kind in einer seinem Alter und seiner Entwicklung gemäßen Weise auf mögliche Gefahren aufmerksam macht, es vor falschem Verhalten warnt und sich vergewissert, dass das Kind seine Warnungen und Ermahnungen verstanden hat und befolgt. Schließlich muss er das Kind in einer Weise überwachen, wie dies einem verständigen Aufsichtspflichtigen unter Abwägung pädagogischer Zielsetzungen und Risiken für das Kind und andere vernünftigerweise zugemutet werden kann. Notfalls muss er zum Schutz des Kindes und anderer auch eingreifen*" (S. 26).

Fazit zu Fall 15:

Nach ständiger Rechtsprechung kann und darf nicht jede Gefahrensituation und jedes Restrisiko vermieden werden, denn dies stünde einer Erziehung zur Selbstständigkeit und Eigenverantwortung entgegen. Kinder müssen vielmehr die Gelegenheit bekommen, sich selbst zu erproben und auszuprobieren. So lernen sie, Gefahren einzuschätzen und mit diesen Gefahren auch umzugehen. GT-Betreuungskräfte müssen Kindern die für ihre Entwicklung notwendigen pädagogischen Freiräume einräumen und ihnen entsprechende Erfahrungen ermöglichen. Neben den Sicherheitsaspekten müssen die Betreuungskräfte im schulischen Ganztag immer auch Aspekte der Selbstständigkeitserziehung und der Entwicklungsbedürfnisse der Kinder berücksichtigen. Sie sind nicht dazu angehalten, auf pädagogisch sinnvolle Aktivitäten zu verzichten, auch wenn sie ihrer Natur nach ein gewisses Gefahrenpotenzial in sich bergen.

Im Fallbeispiel sollten die GT-Fachkräfte das Klettern auf dem Baum ermöglichen, sofern der Baum fest und stabil gewachsen ist, der Untergrund keine besonderen Gefahren aufweist und die Betreuungskräfte das jeweilige Kind einschätzen können. Außerdem sollten sich auf dem Außengelände genügend Betreuungskräfte befinden, sodass jeweils eine Kraft die Kletterversuche am Baum überwachen kann. Das Klettern zu verbieten wäre unter pädagogischen Gesichtspunkten nicht sinnvoll und ist aus rechtlicher Sicht auch nicht notwendig. Betreuungskräfte im schulischen Ganztagsbereichs haben den Auftrag, die Entwicklung der ihnen anvertrauten Kinder bestmöglich zu unterstützen (vgl. § 22 Abs. 3 SGB VIII).

Fall 16: Kinder ohne Betreuung auf dem Schulhof

Während die Betreuerin Claudia noch mit vier Kindern (zwischen sechs und sieben Jahren) beim Basteln ist, sind die älteren Kinder schon fertig und möchten „schon mal raus auf den Schulhof". Claudia fragt sich: Darf ich die Kinder allein und ohne Aufsicht auf dem Schulgelände spielen lassen?

Ob Kinder in der GT-Einrichtung unbeaufsichtigt auf dem Außengelände, in der Turnhalle oder in separaten Räumen spielen dürfen, **kann nicht pauschal beantwortet** werden, sondern bestimmt sich wieder nach den in Fall 16 aufgeführten **Kriterien**. Entscheidend ist hier wieder **das Alter** und das bisherige **Verhalten** der GT-Kinder und die Frage, ob die Räumlichkeit (Turnhalle etc.) oder der Schulhof bzw. das Außengelände **besondere Gefahren** ausweisen.

Sofern es sich um normal entwickelte, sozial unauffällige Schulkinder handelt, ist grundsätzlich nichts dagegen einzuwenden, diese **einen gewissen Zeitraum auch einmal unbeaufsichtigt** spielen zu lassen, sofern die Räumlichkeiten bzw. der Schulhof keine besonderen Gefahren aufweisen. Darüber hinaus ist sicherlich in **regelmäßigen zeitlichen Abständen** zu überprüfen, ob „alles noch in Ordnung" ist. Länger als 15 Minuten sollten Grundschulkinder der GT-Einrichtung jedoch nicht unbeaufsichtigt sich selbst überlassen werden. Bei älteren Schülern gelten andere Maßstäbe der zeitlichen Überprüfung, allerdings müssen sich auch diese Kinder immer beobachtet und betreut fühlen (30-Minuten-Regelung).

Fazit zu Fall 16:

Betrachtet man also die im Fallbeispiel beschriebene Situation, so ist juristisch nichts dagegen einzuwenden, dass die älteren Kinder eine begrenzte

Zeit unbeaufsichtigt auf dem Außengelände spielen, vorausgesetzt, das Außengelände weist keine besonderen Gefahrenquellen auf (Kriterium: örtliche Umgebung) und es handelt sich um normal entwickelte, sozial unauffällige Kinder (Kriterium: Person des Kindes). Es ist für die Entwicklung der Kinder wichtig, auch ohne Anwesenheit einer Aufsichtsperson einen gewissen Zeitraum spielen zu dürfen und nicht unter ständiger (!) Beobachtung zu stehen.

Fall 17: Kein Anschluss unter dieser Nummer: wenn Kinder nicht abgeholt werden und man niemanden erreicht

Immer wieder wird die achtjährige Merle verspätet von der GT-Einrichtung abgeholt. An einem Freitagnachmittag (offizielles Ende der GT-Betreuung ist um 15 Uhr) wurde Merle um 15:30 Uhr immer noch nicht abgeholt. Die Betreuerin Nele hat allerdings noch einen wichtigen privaten Termin (Arztbesuch ihres eigenen Kindes) und muss eigentlich jetzt ganz schnell weg...

Im Fallbeispiel endet die Betreuung durch die Grundschule offiziell um 15 Uhr und zu diesem Zeitpunkt sollen die Eltern ihre Kinder wieder abholen. Die meisten Eltern sind in der Regel pünktlich da, einige bereits vor der angegebenen Zeit (aber leider nicht alle). Und so steht die verantwortliche GT-Betreuungskraft in der Pausenhalle und wartet (oder der wartende Schüler sitzt sorgenvoll im Besprechungsraum). Manche Betreuungskräfte „wählen sich die Finger wund" beim Versuch, die Eltern der jeweiligen Kinder zu erreichen.

Sicher ist es mehr als verständlich, dass jeder einmal zu spät kommen kann: Staus verhindern eine rechtzeitige Abholung oder Baustellen leiten eine Verspätung für die abholenden Eltern ein. Allerdings gilt hier zu unterscheiden, ob die Eltern **einmal zu spät** kommen oder ob dies **mehrfach** geschieht. Leider gibt es tatsächlich Eltern, die ihre privaten Interessen oder Verpflichtungen über die Interessen der Schule oder ihres eigenen Kindes stellen.

Nehmen wir die Eltern, die einmalig zu spät kommen: Das kann passieren und ist kein „Weltuntergang". Diesen Eltern kann die Schule verständnisvoll begegnen, zumal wenn diese vorher auf der Notfallnummer der GT-Gruppe anriefen und deutlich machten, dass diese ausnahmsweise einige Minuten später kommen. Wichtig ist trotzdem, auch diesen Eltern klar zu machen:

Dies kann **einmal** passieren, aber auch die Betreuungskräfte haben Verpflichtungen, denen diese nachkommen müssen.

Kommen die Eltern **ein zweites Mal zu spät**, dann sollten die GT-Kräfte die Schulleitung hierüber informieren. Der Schulleiter sollte dann darüber eine Aktennotiz (Datum und Ausmaß der Verspätung benennen!) anfertigen. Jetzt gilt es als Schulleitung, den Eltern unmissverständlich klarzumachen: Erneute Verspätungen müssen nicht hingenommen werden. Jetzt können die GT-Kräfte diesen Eltern erklären: Beim nächsten Zuspätkommen werden die Mitarbeiter*innen das betreffende Kind bei der **Polizei** abliefern. Wichtig ist ergänzend, den Eltern deutlich zu machen: Sollten diese ihr Kind dort immer noch nicht abholen und die Verwahrung bei der Polizei länger dauern, wird die Polizei den Schüler in die Obhut des Jugendamts übergeben.

Nun wird die vorher angefertigte Aktennotiz wichtig: Sie dokumentiert, wie oft und wie lange die Eltern sich bereits im Vorfeld nicht um ihr Kind gekümmert haben. Das sind Informationen, die das **Jugendamt** jetzt braucht.

Wie lange die Ganztagskräfte zu warten haben, bis sie diese Kinder bei der Polizei abliefert, ist nicht festgelegt. Hier gilt nach den Schulgesetzen aller Bundesländer vereinfacht die 15-30 –Minuten – Regelung. Sollten die Eltern nach spätestens 30 Minuten beim festgelegten Abholzeitpunkt nicht erscheinen, kann das Kind problemlos der Polizei übergeben werden.

Fazit zu Fall 17:

Betreuungskräfte sollten bei der Problematik des Nichtabholen-Wollens seitens der Eltern einheitlich vorgehen. Schlimm wäre es, wenn sich in Elternkreisen rumspricht: „Bei Betreuerin Katrin können wir auch mal 40 Minuten später kommen, die nimmt das nicht zu eng." Intern sollte mit allen GT-Gruppen eine Dienstbesprechung (protokolliert!) stattfinden und im Kreise des gesamten Betreuungsteams zusammen mit der Schulleitung festgelegt werden, wie lange die Ganztagskraft wartet, wenn Eltern zu spät zur Abholung erscheinen. Es muss den Eltern deutlich gemacht werden, dass wiederholtes zu spätes Abholen die Konsequenz hat, dass das GT-Betreuungsteam das Kind in die Obhut der Polizei gibt und eine Meldung an das Jugendamt getätigt wird. Diese Vorgehensweise sollte veröffentlicht (Schulhomepage, Aushang in den GT-Räumen und an den Abholplätzen etc.) und bestenfalls auch durch die Eltern gegengezeichnet werden. Kinder, die nicht abgeholt wurden, verbleiben selbstverständlich im Gebäude der Einrichtung und toben nicht auf dem Außengelände herum.

Fall 18: Die Youtube-Sucht oder: Abnahme von Schülerhandys durch die GT-Betreuungskraft

In einer GT-Einrichtung einer Gesamtschule passiert es oft, dass sich die meist pubertierenden Schüler nach dem Unterricht in der GT-Betreuung in kleinen Gruppen zusammen horten und grüppchenweise die neuesten Youtube-Videos anschauen. Die Angebote der GT-Kräfte werden nicht mehr wahrgenommen. Die beiden Betreuer sind verärgert, weil sie viel Zeit mit der pädagogischen Vorbereitung der Nachmittagsbetreuung verbracht haben. Sie überlegen sich: Dürfen diese den Schülern ihre Handys abnehmen und erst am Ende der Betreuungszeit wieder aushändigen?

Die Schulgesetze der Bundesländer machen zur Wegnahme von Schülerhandys unterschiedliche Vorgaben: Manche sehen eine „zeitweise Wegnahme von Gegenständen" ausdrücklich im Katalog der **erlaubten Erziehungsmaßnahmen** vor, andere machen nur sehr allgemeine Vorgaben und erlauben es den Schulen, **besondere Regelungen** dafür aufzustellen. Hier hängt es dann davon ab, was die jeweilige **Schulordnung** vorsieht.

Im Ergebnis wird die GT-Fachkraft (dies kann in dem Betreuungsvertrag mit den Eltern festgelegt werden) befugt sein, das Handy einzuziehen, wenn es den Unterricht oder die GT-Betreuungszeit stört.

Für Streit sorgen dabei die konkreten Modalitäten: Wie lange dürfen die GT-Kräfte das Handy einbehalten, an wen ist es zurückzugeben? Gibt es keine konkrete Regelung, lässt sich aus dem Grundsatz der Verhältnismäßigkeit ableiten, dass die **Betreuer das Handy normalerweise dann zurückgeben müssen, wenn es definitiv nicht mehr stört und damit der Anlass für das Einziehen entfallen** ist. Als erzieherische Maßnahme kann es im Einzelfall erlaubt sein, das Handy darüber hinaus einzubehalten. Einig ist man sich jedoch, dass eine **dauerhafte Wegnahme nicht zulässig** ist.

Ebenso klar ist, dass ein längeres Einbehalten nicht den Charakter einer bloßen Strafmaßnahme erlangen darf. Dazu ist ein Lehrer und die GT-Betreuungskraft nur unter klar definierten Bedingungen befugt. Teilweise haben einzelne Bundesländer näher bestimmt, dass weggenommene Gegenstände in der Regel am **Ende des Unterrichtstags zurückgegeben werden müssen. Diese im Schulgesetz festgeschriebenen Regelungen lassen sich per Betreuungsvertrag mit den Eltern ebenso für die GT-Betreuungszeit determinieren**.

Das Land Bayern hat zum Beispiel festgelegt, dass ein Handy „vorübergehend einbehalten" werden darf, aber nicht, wie lange „vorübergehend" ist. Die Entscheidung darüber liegt folglich im Ermessen des Lehrers. Manche Juristen sind auch der Ansicht, dass Aufbewahrungsfristen generell unzulässig sind und das Handy einem Schüler persönlich zurückgegeben werden muss – im Unterschied etwa zu gefährlichen Gegenständen wie Messern, die häufig nur an die Eltern zurückgegeben werden. Ein klares Meinungsbild ist hier jedoch nicht auszumachen, was wohl der unterschiedlichen Handhabung an den Schulen entspricht. Wenn ein Schüler das Handy nicht aushändigen will, kann die Schule etwa den Schüler vom Unterricht ausschließen oder eine Mitteilung an die Eltern erwägen.

Fazit zu Fall 18:

Was im Einzelfall verboten ist, bestimmt nach alledem die Schule durch Hausordnungen oder Betreuungsverträge selbst – allerdings im verhältnismäßigen Rahmen:

- Das Mitbringen von Handys ist nicht verboten.
- Die Verwendung des Handys während der Betreuungszeit kann allerdings verboten werden.
- Für den Notfall muss aber die Benutzung des Handys zugelassen werden (bspw. weil Stunden ausfallen und der Schüler früher heimkommt).
- Wenn das Handy weggenommen wurde, muss es am Ende der Betreuung auch wieder zurückgegeben werden. Für die Rückgabe ist keine Rechtsgrundlage erforderlich, vielmehr bräuchten die Betreuer*innen eine Rechtsgrundlage, wenn sie das Handy außerhalb der Schulzeit einbehalten möchte.

Es gibt keine deutschlandweit, an allen Schulen geltende Gesetzmäßigkeit, ob, wann und wie lange ein Schülerhandy einbehalten werden darf. Im besten Fall sprechen Sie mit dem Träger über das Aufsetzen einer Handyklausel in den Betreuungsvertrag („*Aus pädagogischen Gründen ist es wichtig, dass die durch das Betreuungspersonal offerierten Angebote auch genutzt werden. Unsere Betreuungskräfte geben sich sehr viel Mühe bei der Vorbereitung ihres GT-Angebots. Leider merken wir verstärkt, dass die Schüler*innen oft durch die Nutzung ihres mitgebrachten Handys nicht mehr an den Angeboten teilnehmen wollen. Das gefährdet sowohl die Gruppenbildung bei uns als auch unseren Erziehungsauftrag. Wir bitten Sie als Eltern daher, auf ihre Kinder einzuwirken, dass die mitgebrachten Schülerhandys während der Ganztagsbetreuungszeit in den Taschen der Schüler*innen verbleiben.*

*Wir behalten uns in solchen Störungsfällen vor, die mitgebrachten Handys dem/der betreffenden Schüler*in abzunehmen und erst am Ende der Betreuungszeit wieder zurückzugeben. Unterschrift der Personensorgeberechtigten bzw. Pflegeeltern*“).

Sobald Betreuungskräfte im GT-Bereich das Handy eines Schülers entgegennehmen, sind diese auch für die sichere Verwahrung verantwortlich. Falls die Betreuungskraft ergo einen großen Riss auf dem Display wahrnimmt, sollte diese den Riss der GT-Leitung/anderen Betreuungskräften zeigen, um sich abzusichern, oder ein Foto unter Zeugen von dem Riss machen.

Fall 19: Der Kindersteckbrief im Wahllokal

> In einer GT-Einrichtung hängen an den Wänden „Steckbriefe“ von chronisch kranken Kindern. Auf einem solchen Steckbrief sind ein Bild des erkrankten Schülers, sein Name, seine Erkrankung, die Telefonnummer des behandelnden Arztes, die Notfallnummer der Eltern und Behandlungsmaßnahmen im Notfall zu lesen. Am 24.9.2017 ist Bundestagswahl und die Räume der GT-Einrichtung werden als Wahllokale genutzt. Jeder Wähler des Bezirks kann die „Steckbriefe“ der Kinder samt den darin enthaltenen Informationen lesen…

Sie als Leser*in denken sich sicher: „Was für ein abstruser fiktiver Fall!“. Ich darf Ihnen als Autor versichern: Genauso ist es in einer GT-Einrichtung einer Grundschule in Rheinland-Pfalz passiert!

Erfahrungsgemäß bestehen bei vielen GT-Betreuungskräften Unsicherheiten bezüglich des rechtlichen Rahmens beim Umgang mit chronisch kranken Schülern. Diese betreffen insbesondere die Frage nach der Aufsichtspflicht und zum Umgang mit Medikamenten. Aber auch Fragen zum **Datenschutz** sind für viele Betreuungskräfte relevant.

Wer von Amts wegen Kenntnis von einer chronischen Erkrankung hat, ist zur **Verschwiegenheit verpflichtet.** Dieses Prinzip darf nur durchbrochen werden, wenn es um die **Abwendung einer akuten Gefahr oder um Meldungen von infektiösen Erkrankungen und evtl. um ein Schulver-**

bot nach § 33 und § 34 des Infektionsschutzgesetzes geht. Dies ist bei chronischen Erkrankungen jedoch meist nicht der Fall. Deshalb dürfen Betreuungskräfte ihre Kollegen, die Mitschüler und deren Eltern **nicht ohne Einwilligung der Eltern der betroffenen Schüler über eine Erkrankung** informieren. Diese Einwilligung sollte in **schriftlicher Form vorliegen und sie kann von den Eltern jederzeit widerrufen** werden. Erfahrungsgemäß ist es ratsam, dass zumindest die Kräfte im schulischen Ganztag sowie das Lehrerkollegium über die Erkrankung eines Schülers oder die für diesen bestehenden Sonderregelungen informiert sind. Denn nur so kann sichergestellt werden, dass auch alle wissen, wie sie beispielsweise bei einem Asthmaanfall reagieren sollen oder warum ein Schüler Anspruch darauf hat, im Unterricht Handschuhe zu tragen oder öfter auf die Toilette zu gehen etc. Unter der Leitfrage „wie viele Informationen müssen bekannt sein, damit der Schüler in der Schule keinen Schaden nimmt", empfiehlt es sich, konkret mit den Eltern zu besprechen, wie viele Informationen in welcher Form allen Lehr- und Betreuungskräften zugänglich gemacht werden sollten. In vielen Fällen hat es sich beispielsweise als sinnvoll erwiesen, wenn in einer in den Räumen der GT-Einrichtung eine Liste der gesundheitlich beeinträchtigten Schüler existiert, in der **ohne Nennung einer Diagnose** einfach nur die jeweiligen Sonderregelungen, Vorsichts- und Notfallmaßnahmen und der Nachteilsausgleich aufgeführt sind, die für **die jeweiligen Schüler** gelten. Ob und wie viele Informationen an die Mitschüler weitergegeben werden sollten, ist ebenfalls vom Einzelfall abhängig. Diese Entscheidung darf nicht ohne die Einwilligung der Eltern und sollte **nicht ohne Einverständnis der betroffenen Schüler** getroffen werden. Mögliche Bedenken oder Ängste des betroffenen Schülers sind hierbei ernst zu nehmen.

Fazit zu Fall 19:

Beim Umgang mit chronisch kranken Schulkindern ist aus datenschutzrechtlichen Gründen äußerste Sorgfalt geboten. Was wie an wen herausgegeben werden darf, bestimmen die Eltern des Kindes. „Steckbriefe" mit solch sensiblen Daten, auch noch in der Allgemeinheit zugänglichen Räumen, dürfen nicht aufgehängt werden. Der Schutz des Einzelnen gegen unbegrenzte Erhebung, Speicherung, Verwendung und Weitergabe seiner persönlichen Daten in der modernen Datenverarbeitung ist im Grundgesetz verankert. Das Recht auf informationelle Selbstbestimmung gewährleistet die Befugnis des Einzelnen, grundsätzlich selbst über die Preisgabe und Verwendung seiner persönlichen Daten zu bestimmen. Die Schule in Rheinland-Pfalz hätte diese Steckbriefe nicht in den Räumen der GT-Einrichtung aufhängen dürfen.

Fall 20: „Darf ich das herausgeben?“ – Die neue Datenschutzgrundverordnung und ihre Auswirkungen auf Ganztagskräfte

> Immer wieder rufen in einer GT-Einrichtungen öffentliche und private Einrichtungen an: Vom Schulträger über einen Schulbuchverlag, das Jugendamt, bis zu Vereinen und möchten neben Schülerzahlen z. T. auch sensible Informationen über Schüler wissen. Die Mitarbeiter fragen sich: Was darf ich denn wann, wem, wie noch weitergeben?

In Schulen und in der Schulverwaltung werden zur Erledigung dienstlicher Aufgaben personenbezogene Daten von Schülern, Erziehungsberechtigten und von Lehrkräften verarbeitet. Die nachfolgenden Regelungen sollen dazu beitragen, in Schulen eine datenschutzkonforme Verarbeitung personenbezogener Daten sicherzustellen. Der Schulleiter ist nach dem jeweiligen Landesdatenschutzgesetz (LDSG) für den Datenschutz an der Schule verantwortlich. Zu ihrer Unterstützung können sie einen behördlichen Datenschutzbeauftragten bestellen.

Generell gilt: Falls Schüler oder Eltern nicht einwilligen, ist die **Weitergabe von folgenden Daten unzulässig:**

- **Namen und Adressen von Schülern (oder deren Eltern) an Banken, Sparkassen und Versicherungen;**
- **Daten eines Schülers an die Erziehungsberechtigten eines anderen Schülers (Achtung: hier gibt es eine Ausnahme!);**

An **außerschulische öffentliche Stellen** dürfen Daten nur herausgegeben werden, wenn

- dies zur Erfüllung der **gesetzlichen Aufgaben dieser Stellen erforderlich** ist oder
- wenn ein **Rechtsanspruch auf Übermittlung** der Daten besteht.

Bsp: Landesdatenschutzgesetz Baden-Württemberg:

§ 4 Zulässigkeit der Verarbeitung personenbezogener Daten

„Die Verarbeitung personenbezogener Daten ist unbeschadet sonstiger Bestimmungen zulässig, wenn sie ***zur Erfüllung der in der Zuständigkeit der öffentlichen Stelle liegenden Aufgabe oder in Ausübung öffentlicher Gewalt, die der öffentlichen Stelle*** *übertragen wurde, erforderlich ist".*

Besonders diskret sind **Gesundheitsdaten (s. Fall 19)** zu behandeln, denn diese unterliegen zum einen der ärztlichen Schweigepflicht, zum anderen aber werden sie, wenn sie in der Schule gesammelt werden, durch den Datenschutz noch einmal ausdrücklich geschützt.

Entsprechend den Anforderungen der unterschiedlichen Schulformen ist die **Speicherung** von nachfolgenden Daten **zulässig:**

- allgemeine Daten des Schülers wie Name, Vorname, Adresse, Geschlecht, Geburtsdatum, Geburtsort, Staatsangehörigkeit, Religion, Muttersprache;
- schulische Daten wie Eintritt in die Schule, Klasse, Überspringungen oder Wiederholungen von Klassen, Unterrichtsversäumnisse und -befreiungen, Erziehungs- und Ordnungsmaßnahmen, Schulwechsel;
- Leistungs- und Prüfungsdaten wie Noten, Punktzahl, Zeitpunkt und Ergebnis von Prüfungen und Versetzungskonferenzen.

Auch die Daten der Erziehungsberechtigten dürfen gespeichert werden. **Zulässig** ist ferner die **Weitergabe** von Daten

- zu schulstatistischen Zwecken an die Schulaufsicht,
- an Jugend- oder Gesundheitsamt,
- an andere Schulen desselben Schulträgers,
- an sonstige Behörden,
- an Einrichtungen der Kinder- und Jugendhilfe,
- an die Polizei.

Etwas weiter oben wurde von einer Ausnahme berichtet bezüglich der Datenweitergabe an die Eltern eines Mitschülers. Wie erwähnt, darf die Schule **grundsätzlich** nicht die Daten eines Schülers an die Eltern eines Mitschülers herausgeben. Dabei gibt es allerdings eine wichtige Ausnahme: Wenn ein Schüler einen anderen schädigt und sich weigert, seinen Namen bzw. die Adresse seiner Eltern auszugeben. In diesem Fall würde der Datenschutz die **Wahrnehmung berechtigter Interessen** verhindern. Damit die Eltern eines Schülers ihre Forderung überhaupt geltend machen können, darf die Schule die Adresse des Schülers bzw. seiner Eltern bekannt geben. Ebenfalls stellt es keine Verletzung des Datenschutzes dar, wenn kriminelle Delikte an die

Strafverfolgungsbehörden (Staatsanwaltschaft, Polizei) weitergegeben werden, wie es auch mittlerweile in fast allen Bundesländern über eine klare Rechtsverordnung vorgeschrieben ist.

Ebenso ist es auch bei dem „Wasserbombenfall“: Ein Schüler wirft eine „Wasserbombe" aus dem Klassenzimmer und trifft einen Passanten. Dieser möchte von der Schule die Personalien des betreffenden Schülers erfahren, um Schadensersatzansprüche geltend machen zu können. Hier besteht ein **rechtliches Interesse** einer Privatperson an der Datenübermittlung.

Ebenso darf die **Polizei** nach den §§ 161, 163 StPO Auskünfte verlangen. Diese müssen aber **grundsätzlich durch die Schulleitung erfolgen.** Im Zweifel soll die Schulleitung zuvor Rücksprache mit dem Dienstvorgesetzten halten. **Lehrer und GT-Betreuungskräfte dürfen grundsätzlich keine Auskünfte an die Polizei geben**, es sei denn, es liegt eine vorherige **Ermächtigung** hierzu durch die Schulleitung vor. (Gleiches gilt selbstverständlich für das Sekretariat, wenn es auch direkt der Schulleitung untersteht und ihr zuarbeitet).

Zu den **Mitarbeitern von Kinderheimen/Wohngruppen und Vormundschaft:** Wenn ein Schüler in die Schule geht, kann der Lehrer in seinem verhältnismäßigen Rahmen bestimmen, was der Schüler dort machen soll (ob er z. B. lesen oder rechnen soll), obwohl immer noch die Eltern für die Erziehung des Schülers zuständig sind. So ähnlich ist es – vereinfacht erklärt – auch mit dem Vormund. Das Gesetz sagt, dass die **Betreuer im Heim oder Pflegeeltern** über die **Angelegenheiten des täglichen Lebens** entscheiden dürfen (§ 1688 BGB): wann z. B. Hausaufgaben gemacht werden müssen, wann der Schüler wieder im Haus sein soll oder ob jemand noch länger „draußen“ bleiben oder in die Disco gehen darf. Die Betreuungskräfte der Wohngruppe oder im Heim müssen selbstverständlich auch die Schule fragen dürfen, ob ein Kind anwesend war oder nicht. Dies ist datenschutzrechtlich zulässig.

Unabhängig davon bleibt der **Vormund** für den Schüler verantwortlich und entscheidet deshalb bei allem, was das Leben des Schülers **grundsätzlich betrifft und wichtig ist (Angelegenheiten von erheblicher Bedeutung – § 1687 BGB).** Er sorgt z. B. dafür, dass der Schüler in einem Heim, bei einer Pflegefamilie oder in einer betreuten Wohnung/Wohngruppe ein Zuhause findet und er bestimmt, welche Schule der Schüler besucht. Er unterschreibt bspw. auch einen Ausbildungsvertrag oder eine Einwilligung zur Operation. Datenschutzrechtlich ist der Vormund wie die Eltern zu behandeln.

Der **Schulpsychologische Dienst** bietet kostenfrei und vertraulich psychologische Beratung für Pädagogen, Eltern sowie Schüler aller staatlichen Schulen an. Grundsätzlich entscheidet der Klient, welche seiner personenbezogenen Daten er für die Beratung zur Verfügung stellt. Eine schulpsychologische Beratung basiert **immer auf der Einwilligung der Eltern oder des Schülers.** Ohne die ausdrückliche Einwilligung gibt der psychologische Berater keine Daten an Dritte weiter oder fragt nach personenbezogenen Daten. Dies darf nur nach der schriftlichen Schweigepflichtsentbindung erfolgen.

Fazit zu Fall 20:

Zusammenfassung zur Datenweitergabe:

Datenweitergabe innerhalb des öffentlichen Bereichs	
Andere öffentliche Schulen	JA, **ohne Einwilligung** des Betroffenen zur Erfüllung der Aufgaben der Schule oder des Empfängers erforderlich.
Schulaufsichtsbehörden	JA, **ohne Einwilligung** des Betroffenen zur Erfüllung der Aufgaben der Schule oder des Empfängers erforderlich.
Gesundheitsämter	JA, **ohne Einwilligung** des Betroffenen zur Erfüllung der Aufgaben der Schule oder des Empfängers erforderlich.
Zuständige öffentliche Archive	JA, **ohne Einwilligung** des Betroffenen zur Erfüllung der Aufgaben der Schule oder des Empfängers erforderlich.
Stellen der Berufsausbildung	JA, **ohne Einwilligung** des Betroffenen zur Erfüllung der Aufgaben der Schule oder des Empfängers erforderlich.
Arbeitsämter	JA, **ohne Einwilligung** des Betroffenen zur Erfüllung der Aufgaben der Schule oder des Empfängers erforderlich.

Datenweitergabe innerhalb des öffentlichen Bereichs	
Ausländerämter	JA, **ohne Einwilligung** des Betroffenen zur Erfüllung der Aufgaben der Schule oder des Empfängers erforderlich.
Schulträger	JA, **ohne Einwilligung** des Betroffenen zur Erfüllung der Aufgaben der Schule oder des Empfängers erforderlich.
Jugendämter	JA, **ohne Einwilligung** des Betroffenen zur Erfüllung der Aufgaben der Schule oder des Empfängers erforderlich.
Sozialämter	JA, **ohne Einwilligung** des Betroffenen zur Erfüllung der Aufgaben der Schule oder des Empfängers erforderlich.
Ämter für Ausbildungsförderung	JA, **ohne Einwilligung** des Betroffenen zur Erfüllung der Aufgaben der Schule oder des Empfängers erforderlich.
Gerichte	JA, **ohne Einwilligung** des Betroffenen zur Erfüllung der Aufgaben der Schule oder des Empfängers erforderlich.
Schulpsychologe	**NEIN, nur mit Einwilligung des Betroffenen bzw. der Eltern.**
Gesetzlicher Vormund	JA, **ohne Einwilligung** des Betroffenen zur Erfüllung der Aufgaben der Schule oder des Empfängers erforderlich: **Nachweis erforderlich.**
Weitere Behörden	JA, **ohne Einwilligung** des Betroffenen zur Erfüllung der Aufgaben der Schule oder des Empfängers erforderlich.
Offensichtlich durch Schüler geschädigte Personen	**JA, zur Wahrnehmung berechtigter Interessen des Geschädigten.**

Datenweitergabe innerhalb des öffentlichen Bereichs	
Polizei	JA, **ohne Einwilligung** des Betroffenen zur Erfüllung der Aufgaben der Schule oder des Empfängers erforderlich.
Staatsanwaltschaft	JA, **ohne Einwilligung** des Betroffenen zur Erfüllung der Aufgaben der Schule oder des Empfängers erforderlich.
Einrichtungen der Kinder -und Jugendhilfe	JA, **ohne Einwilligung** des Betroffenen zur Erfüllung der Aufgaben der Schule oder des Empfängers erforderlich.

Datenweitergabe außerhalb des öffentlichen Bereichs	
Erziehungsberechtigtenvertretung (Elternbeirat)	Nur mit Einwilligung.
Mitverantwortliche der Berufserziehung	JA, **ohne Einwilligung** des Betroffenen zur Erfüllung der Aufgaben der Schule oder des Empfängers erforderlich.
Schulfotograf	Unzulässig. Nur mit Einwilligung.
Kirchen/Glaubensgemeinschaften	Unzulässig. Nur mit Einwilligung. **AUSNAHME:** Baden-Württemberg: *„Eine Übermittlung personenbezogener Daten der Schülerinnen und Schüler und deren Erziehungsberechtigten an die* ***katholische oder evangelische Kirche ist anlässlich der Kommunion oder Konfirmation sowie zur Erfüllung weiterer Aufgaben dieser Kirchen ohne Einwilligung der Betroffenen zulässig.*** *Eine Datenübermittlung von personenbezogenen Daten* ***an weitere Religions- oder Weltanschauungsgemeinschaften ist nur mit Einwilligung*** *der Betroffenen zulässig. Die Schulen haben gemäß der Verwaltungsvorschrift die Übermittlungen zu dokumentieren, so dass darüber Auskunft erteilt werden kann."*

Datenweitergabe außerhalb des öffentlichen Bereichs	
Name, Anschrift, Telefonnummer von Lehrkräften	Unzulässig. Nur mit Einwilligung.
Andere Eltern	Unzulässig. Nur mit Einwilligung.
Datenübermittlung an Eltern volljähriger Schüler	Je nach Bundesland unterschiedlich.
Daten von Vorsitzenden des Elternbeirats bzw. des Schülersprechers an Stellen außerhalb der Schule	Ja, allerdings nur mit deren Einwilligung. Bei den Vorsitzenden des Elternbeirats und den Schülersprechern handelt es sich um sog. Funktionsträger, die ein öffentliches Ehrenamt innehaben. Deren Namen und Funktion dürfen nach außen kommuniziert, also z. B. auf der Homepage der Schule eingestellt werden. Genannt werden dürfen deren Namen und die Funktion, sofern der Betroffene eingewilligt hat. Sollen weitere Daten genannt werden, wie z. B. Kontaktdaten oder Fotos, so darf das auch nur nach vorheriger schriftlicher Einwilligung der Betroffenen erfolgen. Name und Funktion von Klassensprechern oder Klassenelternvertretern dürfen aber nicht kommuniziert werden, da diese nicht die Schule nach außen vertreten und nur im Schulinnenverhältnis aktiv sind.
Förderverein(e)	Die Fördervereine sind auf neue Mitglieder angewiesen und möchten deshalb von den Schulleitungen eine Liste der jährlich neu hinzukommenden Erziehungsberechtigten haben. Dies ist datenschutzrechtlich jedoch nur zulässig, sofern die **Erziehungsberechtigten vorher schriftlich hierzu eingewilligt** haben. Bei Fördervereinen handelt es sich

Datenweitergabe außerhalb des öffentlichen Bereichs	
	um Stellen außerhalb des öffentlichen Bereichs. Um eine personenbezogene Datenübermittlung zu vermeiden, kann die öffentliche Schule mit dem Förderverein vereinbaren, dass den Erziehungsberechtigten bei der Aufnahme von Schülern in die öffentliche Schule entsprechendes Informationsmaterial und Beitrittserklärungen des Fördervereins ausgehändigt werden.
Sparkassen, Banken, Krankenversicherungen, Sportvereine	**Nicht zulässig,** da Ziel dieser Einrichtungen: Beitritt des Schülers, Wahrnehmung von Dienstleistungen etc.

Fall 21: „Der Papa darf den Max nicht mehr abholen!" – Über den Umgang mit getrenntlebenden Eltern

Die Eltern von Max sind geschieden; das Kind lebt hauptsächlich bei der Mutter, der Vater sieht das Kind nur noch alle 14 Tage am Wochenende sowie hälftig in den Ferien. Die Mutter bittet am Telefon die Betreuungskräfte, Max nicht mehr dem anderen Elternteil mitzugeben. Die Betreuer fragen sich: Ist das rechtens?

Haben die Eheleute, welche sich scheiden lassen wollen, gemeinsame minderjährige Kinder, für welche sie das gemeinsame Sorgerecht haben, so werden sie grundsätzlich auch nach dem Ehescheidungsverfahren das gemeinsame elterliche Sorgerecht behalten. Innerhalb des Scheidungsverfahrens oder innerhalb eines separat geführten Sorgerechtsverfahrens wird

nur dann über das Sorgerecht entschieden, wenn dies durch einen oder beide Ehegatten gerichtlich beantragt wird. Ohne einen solchen Antrag bleibt es auch nach der Ehescheidung beim gemeinsamen Sorgerecht für die gemeinsamen minderjährigen Kinder.

Nach der Trennung der Eheleute leben die gemeinsamen Kinder für gewöhnlich im Haushalt eines Elternteils, also entweder bei der Mutter oder beim Vater. Der Elternteil, bei welchem das Kind nun seinen gewöhnlichen Aufenthalt hat, hat die Entscheidungsbefugnis bezüglich sämtlicher Angelegenheiten des täglichen Lebens des Kindes. Dies gilt auch dann, wenn beide Eltern gemeinsam sorgeberechtigt sind. Das gemeinsame Sorgerecht wirkt sich erst bei **Angelegenheiten von erheblicher Bedeutung** praktisch aus. Hierunter zählen beispielsweise folgende Angelegenheiten des Kindes:

- Wahl der Schulart (private bzw. freie Montessori-, Waldorf-, Evangelische Bekenntnisschule, Sportinternat, bilinguale Grundschule oder öffentliche allgemeinbildende Schule?) und der Schule an sich (Grundschule West, Grundschule Mitte, Grundschule Ost?), der Ausbildungsstätte (Ausbildung bei der Stadtverwaltung oder zum KFZ-Mechaniker?), der Fächer und Fachrichtungen (bspw. am Gymnasium: altsprachlicher Zweig – griechisch und Latein – oder naturwissenschaftlicher Zweig?), Besprechung mit Lehrern über gefährdete Versetzungen, Entscheidung über Internatserziehung, Unterbringung von Schülern in Ganztagseinrichtungen (daher beide Unterschriften bei der Anmeldung erforderlich!);
- Operationen (außer in Eilfällen), medizinische Behandlungen mit erheblichem Risiko, grundlegende Entscheidungen der Gesundheitsvorsorge;
- Grundentscheidung darüber, bei welchem Elternteil das Kind lebt, freiheitsentziehende Unterbringung;
- Grundentscheidung bezüglich des Umgangs des Kindes mit Dritten, betreffend das Ob und den Umfang des Umgangs;
- grundlegende Fragen der Art der Anlage von Kindesvermögen, grundlegende Frage der Verwendung.

Das heißt kurzgefasst: **Angelegenheiten von erheblicher Bedeutung** sind so prägend, so entscheidend, so unabänderbar, dass diese der **Zustimmung beider Elternteile** bedürfen.

Hingegen sind die bereits angesprochenen **Angelegenheiten des täglichen Lebens** weniger einschneidende Angelegenheiten. Hierzu zählen insbesondere die Folgenden:

- Teilnahme an Sonderveranstaltungen in der Schule (Schulchor, Theater-AG, Notwendigkeit von Nachhilfe);
- Behandlung leichter Erkrankungen üblicher Art (z. B. Erkältung), alltägliche Gesundheitsvorsorge (Kariesprophylaxe, Routineimpfungen);
- Teilnahme am Ferienlager (Pfadfinder, Sportvereinswochenende etc.);
- Besuch bei Großeltern;
- Flugreisen ins europäischen Ausland.

Gegenüberstellend dient nachfolgende Tabelle zur Veranschaulichung:

Informationen zum gemeinsamen Sorgerecht

(Beispiele für Angelegenheiten des täglichen Lebens und Angelegenheiten von erheblicher Bedeutung)

Angelegenheiten von erheblicher Bedeutung	**Angelegenheiten des täglichen Lebens**
Aufenthalt: Grundentscheidung, bei welchem Elternteil das Kind lebt, freiheitsentziehende Unterbringung)	**Aufenthalt:** Aufenthalt im Einzelnen (Teilnahme am Ferienlager, Besuch bei den Großeltern etc.)
Pass- und Meldewesen: An- und Abmeldung, Antrag auf Kinderausweis, Reisepass	**Pass- und Meldewesen:** Personalausweis und/oder Pass ab 16. Lebensjahr: Der Jugendliche ist selbst berechtigt, Anträge zu stellen
Gesundheit. Operationen (außer in Eilfällen), medizinische Behandlungen mit erheblichem Risiko, grundlegende Entscheidungen der Gesundheitsvorsorge)	**Gesundheit:** Behandlungen leichter Erkrankungen üblicher Art (z. B. Erkältungen), alltägliche Gesundheitsvorsorge, Routineimpfungen
Umgang: Grundentscheidungen des Umgangs, § 1632 Abs. 2 BGB (betreffend das Ob und die Dimension des Umgangs, z. B. Umgang des Kindes mit seinen Eltern, Geschwistern oder Großeltern); Umgangsvereinbarungen z. B. Termine, gemeinsame Reisen mit dem Elternteil, in dessen Haushalt das Kind nicht lebt	**Umgang:** Einzelentscheidungen im täglichen Umgang (z. B. Kontakte des Kindes zu anderen Kindern, Fernhalten eines unerwünschten Kindes)
Schule/Ausbildung: Wahl der Schulart und Schule, Schulan- und -abmeldungen, Entscheidung über Internatserziehung, der Fächer und Fachrichtungen, Besprechung mit Lehrern über gefährdete Versetzung; Wahl der Lehre und der Lehrstätte, Unterbringung ganztägig an GT-Schulen	**Schule/Ausbildung:** Schul-/Ausbildungs-entschuldigung im Krankheitsfall, Teilnahme an Veranstaltungen, Notwendigkeit von Nachhilfe, unbedeutendere Wahlmöglichkeiten im Rahmen des gewählten Ausbildungsgangs (z. B. Schulchor, Arbeitsgemeinschaft etc.)
Status- und Namensfragen: sind stets von erheblicher Bedeutung	
Vermögenssorge: grundlegende Fragen der Art der Anlage von Kindesvermögen, grundlegende Fragen der Verwendung	**Vermögenssorge:** vergleichsweise unbedeutende Angelegenheiten (etwa Verwaltung von kleineren Geldgeschenken); Taschengeldregeln in § 110 BGB beachten!
Geltendmachung von Unterhalt: Der betreuende Elternteil kann auch bei gemeinsamer elterlicher Sorge Unterhaltsansprüche des Kindes gegen den anderen Elternteil geltend machen.	

Bei Gefahr im Verzug ist selbstverständlich jeder Elternteil zu den notwendigen Handlungen berechtigt. Der andere Elternteil ist unverzüglich zu unterrichten.

Fazit zu Fall 21:

Solange ein Familiengericht nicht entschieden hat, dass einem Elternteil allein die elterliche Sorge für ein gemeinsames Kind zusteht, haben beide Elternteile die volle elterliche Sorge (vgl. § 1671 Abs. 1 BGB), welche die Personensorge einschließt. Die Personensorge umfasst nach § 1632 Abs. 1 BGB auch das Recht, das Kind von jedem heraus zu verlangen, der es einem Elternteil widerrechtlich vorenthält. Die GT-Einrichtung hat daher kein Recht, einem Elternteil das Kind vorzuenthalten, solange es nicht vorläufig oder endgültig dem anderen zugesprochen ist. Nur wenn das Familiengericht rechtskräftig entschieden hat, darf das Kind dem Nichtsorgeberechtigten nicht mehr übergeben werden. Die Einrichtung muss allerdings in einem solchen Fall verlangen, dass ihr diese prägende Gerichtsentscheidung selbstverständlich in Kopie vorgelegt wird (Achtung: Darf aus Datenschutzgründen der DSGVO nicht in die Schülerakte der GT-Einrichtung!).

Wohl aber könnte die Mutter bestimmen, dass das Kind, sofern es bei ihr lebt, nicht der Freundin des Vaters oder einer anderen Person mitgegeben werden darf. Hier handelt es sich um eine Entscheidung des täglichen Lebens, die sie allein treffen darf. Solange sich das Kind hingegen mit Einwilligung der Mutter beim Vater aufhält, hat dieser die Befugnis zur alleinigen Entscheidung in Angelegenheiten der tatsächlichen Betreuung, d.h. in diesem Fall entscheidet er, wer das Kind von der GT- Einrichtung abholt (vgl. § 1687 Abs. 1 BGB).

Fall 22: Der Spaziergang und der Ausflug in den Wald

Die Kinder einer GT-Einrichtung unternehmen jeden Freitag abwechselnd einmal einen Ausflug in den nahe gelegenen Wald und einmal einen kleinen, etwa halbstündigen Spaziergang in die nähere Umgebung. Hierbei möchten sie auch eine Mutter zur Begleitung mitnehmen.Die Betreuer fragen sich: An was muss ich dabei alles denken und: Benötige ich jedes Mal hierfür eine Einverständniserklärung der Eltern?

Der **Spaziergang in die nähere Umgebung** ist als **Bestandteil des Erziehungskonzepts** vom GT-Betreuungsvertrag gedeckt. Es bedarf ergo **keiner besonderen Einverständniserklärung der Eltern.** Die Durchführung des Spaziergangs muss jedoch mit den Vorschriften zur Aufsichtspflicht im Einklang stehen. Wird diese verletzt, haftet der Träger der GT-Einrichtung für das Verschulden der betreffenden Betreuungskräfte aus § 278 BGB. Wurde die Aufsichtspflicht sogar schwer verletzt, kommt zudem eine Haftung nach §§ 823 ff. BGB nach dem Recht der unerlaubten Handlungen in Betracht.

Vor jedem **Ausflug in den Wald** hingegen sollten die Eltern informiert und eine **Einverständniserklärung der Eltern** eingeholt werden, denn im Vergleich zum Spaziergang sind Waldausflüge durch den GT-Betreuungsvertrag nicht gedeckt.

Wie viele Aufsichtspersonen den Ausflug begleiten, muss nach den in vorangegangenen angeführten allgemeinen **Kriterien der Rechtsprechung** entschieden werden.

Entscheidend sind nicht nur **das Alter, der Entwicklungsstand und das bisherige Verhalten** der zu beaufsichtigen Kinder, sondern insbesondere auch **die Gefährlichkeit des geplanten Ausflugs.**

Unabhängig von der Gruppengröße müssen die Kinder bei jedem Ausflug von **mindestens zwei Aufsichtspersonen** begleitet werden, damit bei einem Notfall, wenn sich bspw. ein Kind verletzt, eine Begleitperson Hilfe holen und die andere bei den Kindern bleiben kann.

Wenigstens eine der Begleitpersonen muss eine **Erste-Hilfe-Ausbildung** haben, die nicht länger als zwei Jahre (!) zurückliegt.

Die GT-Fachkräfte sollten bei Waldausflügen darauf achten, eine **Erste-Hilfe-Tasche** und ihr **aufgeladenes Handy** dabei zu haben, ebenso wie die **Telefonnummern der Sorgeberechtigten.**

Fazit zu Fall 22:

Die Pflicht, über das Wohl der Kinder zu wachen, obliegt naturgemäß und nach dem Gesetz zunächst den Eltern (§§ 1626, 1631 BGB). Diese übertragen der GT-Leitung bzw. dem Träger der Einrichtung auf der Basis eines Betreuungsvertrags die Aufsicht über die Kinder für die vereinbarte Betreuungszeit.

Der Träger wiederum kann bzw. muss diese vertraglich zugesicherte Übernahme der Aufsicht übertragen: zunächst der Leitung und diese dann auf die von ihr eingesetzten Mitarbeiter.

Grundsätzlich spricht nichts dagegen, ergänzend die Aufsicht auch auf Personen zu übertragen, die keine pädagogischen Fachkräfte sind, wie z.B. Praktikanten, Bundesfreiwilligendienstleistende oder, wie im angeführten Fall, auch auf Eltern (die Mutter).

Dies ist aber immer eine Einzelfallentscheidung. Der Gesetzgeber und die Rechtsprechung übertragen der GT-Leitung die Verantwortung, ob diese unter Zuhilfenahme des „gesunden Menschenverstands" den begleitenden Personen zutrauen, den Ausflug ohne Schäden für die Kinder selbst oder Dritte zu absolvieren.

Dabei ist die GT-Leitung bzw. sind die „Veranstalter" des Ausflugs aufgefordert, vor allem folgende **Kriterien** in deren Überlegungen mit einzubeziehen:

Um was für Kinder handelt es sich? Wie alt sind diese? Hören diese in der Regel auf Anweisungen? Wie verhalten diese sich in der Gruppe usw.?

Welchen Schwierigkeitsgrad weist der geplante Ausflug auf? Ist es ein Büchereibesuch „um die Ecke" der GT-Einrichtung oder ein Ausflug in die Waldschule mit einem Wegstück durch unübersichtliches und herausforderndes Terrain?

Welche Personen übernehmen neben dem pädagogischen festangestellten Fachpersonal die Aufsichtsführung? Kennen Sie diese? Haben diese schon einmal Kinder begleitet (insbesondere bei Praktikanten)? Beachten diese begleitenden Personen die Anweisungen des Fachpersonals?

Unabhängig davon sollten begleitende Eltern ausdrücklich darauf hingewiesen werden, dass diese nicht nur für ihr eigenes Kind verantwortlich sind, sondern für alle Kinder, die an dem Ausflug teilnehmen.

Die GT-(Gruppen-)Leitung sollte mit allen verantwortlichen Begleitpersonen über den Ausflug, insbesondere über etwaige kritische Punkte wie etwa gefährliche Kreuzungen, Umsteigewege oder ähnliches, sprechen.

Des Weiteren sollten die Begleitpersonen angewiesen werden, sich an den durch die Leitung ausgegebenen Checklisten (hilfreich hierzu die Publikationen der GUV [www.dguv.de]) zum Verhalten bei Ausflügen zu orientieren.

Fall 23: Der Impfschutz

> Die nasskalten Monate des Jahres haben begonnen und die Zahl der Infektionskrankheiten in der GT-Einrichtung steigt wieder. Häufig klingelt in diesen Wochen das Telefon und Eltern melden ihr Kind krank. Manche Elternteile wiederum trauen sich aus Angst vor dem Verlust des Arbeitsplatzes nicht, ihr Kind zu Hause zu pflegen und bringen das Kind erkrankt in die GT-Betreuung. Zusätzlich wurde bekannt, dass aktuell zwei Kinder unter Windpocken leiden. Die Betreuungskräfte fragen sich: Gegen was muss ich denn eigentlich geimpft sein, wenn ich in einer GT-Einrichtung tätig bin und wer zahlt ggf. die Impfungen?

Auch als Erwachsener kann man an „Kinderkrankheiten" erkranken. Impfschutz kann daher von großer Bedeutung sein. Kinderkrankheiten" verlaufen z. T. im Erwachsenenalter schwerer als bei Kindern und können bleibende Gesundheitsschäden hinterlassen.

Bei Gefährdung durch Erreger von Kinderkrankheiten wird im Arbeitsschutz aber nur unterschieden zwischen:

– Arbeitnehmern – dabei ist es unerheblich, ob sie weiblich oder männlich sind (die rechtliche Grundlage ist die Biostoffverordnung),

– Schwangeren (die rechtliche Grundlage ist das Mutterschutzgesetz/die Mutterschutzverordnung) => Für Frauen im gebärfähigem Alter gibt es bezüglich Infektionserreger keine eigenen Vorschriften.

Es müssen nur diejenigen einer arbeitsmedizinische Vorsorgeuntersuchung hinsichtlich Mumps, Masern und Röteln (MMR) sowie Keuchhusten unterzogen werden, die einen regelmäßigen direkten Kontakt zu Kindern haben. In jedem Fall sind es alle Beschäftigten mit Ausnahme der Reinigungskräfte und der Köche, da letztere keinen direkten Kontakt zu den Kindern haben. => Das bedeutet, dass einer arbeitsmedizinischen Untersuchung unterzogen werden müssen:

- festangestellte pädagogische Fachkräfte und
- Praktikanten, die z. B. ihr Anerkennungsjahr machen.

Aus rechtlicher Sicht gilt für alle Praktikanten die Biostoffverordnung. Für Praktikanten, die z. B. nur drei Wochen bleiben, weil sie Schüler sind, lässt sich wegen der im Vergleich zu Betreuungskräften anderen Tätigkeit und der kurzen Praktikumszeit folgendes Vorgehen aber rechtfertigen:

- Schüler sollten das 15. Lebensjahr vollendet haben (vgl. Jugendarbeitsschutzgesetz).
- Sie müssen vor Beginn des Praktikums über die erhöhten Infektionsrisiken bei der Kinderbetreuung unterrichtet werden.
- Den Schülerpraktikanten sollten vor Beginn der Tätigkeit ggf. empfohlen werden (in Abhängigkeit der vorgesehenen Tätigkeit, für die eine Gefährdungsanalyse zu erstellen ist), dass sie den Immunschutz gegen Mumps, Masern, Röteln, Keuchhusten, Windpocken und Tetanus überprüfen und sich ggf. impfen lassen. In der Regel wird die Impfung vom Hausarzt auf Kosten der gesetzlichen Krankenversicherung durchgeführt.
- Im Falle des Auftretens von Erkrankungen an Masern, Mumps, Röteln, Keuchhusten oder Windpocken in der Einrichtung dürfen die Schülerpraktikanten dort nicht eingesetzt werden.
- Sie dürfen keinen Kontakt zu Ausscheidungen der zu betreuenden Kinder haben.

Impfung

Eine Impfung ist nicht verpflichtend, um die Tätigkeit ausüben zu dürfen. Die Beschäftigten dürfen frei entscheiden, ob sie sich impfen lassen. Verpflichtend ist jedoch die **entsprechende arbeitsmedizinische Vorsorgeuntersuchung.** In dieser werden die Titer der Antikörper (also die Konzentration der Abwehrstoffe im Blut) der genannten Erkrankungen kontrolliert und beurteilt. Der Betriebsarzt berät den Arbeitnehmer zu den notwendigen Schutzmaßnahmen.

Der Arbeitgeber muss die Untersuchung sowohl veranlassen als auch bezahlen und der Beschäftigte muss zur Untersuchung gehen bzw. sich untersuchen lassen, wenn er an dem beschriebenen Arbeitsplatz arbeiten möchte.

Hepatitis A

Ob gegen Hepatitis A geimpft werden muss, hängt von den Tätigkeiten der Personen ab. Seit 1996 muss mit Hilfe des Betriebsarztes eine Gefährdungsanalyse erstellt werden, aus der hervorgeht, welche Personengruppen betroffen sind.

Hepatitis B

Auch hier hängt die Impfung von der jeweils aktuellen Gefährdungsanalyse ab. Für den Fall, dass diese nicht vorliegen sollte, hier der „Normalfall“: Es muss weder gegen Hepatitis B geimpft noch eine entsprechende arbeitsmedizinische Untersuchung angeboten werden, da Kinder selten Hepatitis-B-Viren übertragen (weil sie i. d. R. nicht infiziert sind). Eine Besonderheit kann sich ergeben, wenn ein Kind oder mehrere Kinder in einer GT-Einrichtung bekanntermaßen Hepatitis-B infiziert sind. Dann wird Rücksprache mit den behandelnden Ärzten des jeweiligen Kindes empfohlen, um zu klären, ob das Kind infektiös ist (das ist eher selten). Nach dieser Rücksprache kann die Gefährdung besser beurteilt und entsprechende Maßnahmen können durchgeführt werden.

Tetanusschutz

Die Überprüfung des Tetanusschutzes ist eine sehr lobenswerte Tätigkeit des Betriebsarztes, aber nach dem berufsgenossenschaftlichen Grundsatz G 42 im engeren Sinne nicht seine Aufgabe. Bei Tetanus liegt für Betreuungskräfte keine größere Gefährdung vor als für die Allgemeinbevölkerung, sodass der Arbeitgeber diese Impfung nicht bezahlen muss (und auch nicht kontrollieren lassen muss)! Selbstverständlich ist es von Vorteil, wenn ein mangelnder Impfschutz aufgedeckt wird. Die Impfung sollte dann zeitnah beim Hausarzt nachgeholt werden. Es ist darauf hinzuweisen, dass es sich hierbei um eine (lebens-)wichtige Impfung handelt. Tetanus-Bakterien sind weit verbreitet und können durch kleinste Wunden (auch unbemerkt) in den Körper gelangen. Jährlich sterben auch in Deutschland Personen an einer Tetanus-Erkrankung infolge unzureichenden Immunschutzes. Insofern ist es von großem Nutzen, wenn der Betriebsarzt diesen fehlenden **Impfschutz aufdeckt und zur Impfung auffordert.**

Wer muss die Impfungen zahlen?

Alle Impfungen, die sich aus der Gefährdungsanalyse oder/und aus der Biostoffverordnung ergeben, müssen vom Unternehmer/Arbeitgeber getragen werden. Dem Arbeitnehmer dürfen diese Kosten weder voll noch anteilig in Rechnung gestellt werden. Infektionsgefährdungen, die bei der geschilderten Tätigkeit nicht im höheren Maße als in der restlichen Bevölkerung auftreten (z. B. Tetanus, Hepatitis-B oder Diphterie), werden z. T. von den Krankenkassen getragen (Beispiele: notwendige Tetanus- und Diphterie-Impfungen werden immer bezahlt, Hepatitis-B nur bis zum 18. Lebensjahr).

Wer darf die nach den Arbeitsschutzvorschriften erforderlichen Untersuchungen durchführen?

Am besten der Betriebsarzt. Alternativ kann es ein Arzt sein, der die Zusatzbezeichnung Betriebsmedizin oder die Facharztbezeichnung Arbeitsmedizin führt. Aber nur der Betriebsarzt kennt die Arbeitsplätze und war bei der Erstellung der entsprechenden Gefährdungsanalyse mitwirkend tätig. Das bedeutet, dass der Hausarzt die arbeitsmedizinischen Vorsorgeuntersuchungen NICHT durchführen darf (rechtliche Grundlage: § 15 Abs. 3 der Biostoffverordnung).

Der Betriebsarzt darf diese Impfungen an einen anderen Arzt delegieren – was jedoch nicht sinnvoll ist. Da der Arbeitgeber sowieso die Untersuchung nach dem Grundsatz G 42 bezahlen muss, bietet es sich an, dass der Betriebsarzt auch etwaige Impfungen durchführt.

Fall 24: Stundeneinteilung und Rauchen auf dem Schulhof

In einer kommunalen GT-Einrichtung arbeiten ausgebildete Erzieher*innen und Mütter von Schulkindern seit Jahren gut zusammen. Neu im Team ist eine Mutter- deren Kind die 5. Klasse besucht und deren Mann in einer Schichtanstellung tätig ist-, die sich vehement weigert, auch nach 15 Uhr zu arbeiten, da sie ab dann „auf ihr Kind aufpassen“ müsse. Dies führt zu erheblichem Unmut bei den anderen Betreuungskräften, die selbst Verpflichtungen haben, aber dennoch auch nach 15 Uhr in der Betreuung arbeiten. Im Arbeitsvertrag mit der Stadtverwaltung ist lediglich eine wöchentliche Arbeitszeit von 20 Stunden vorgesehen – die täglichen Arbeitszeiten der Betreuer*innen, so das kommunale Schulverwaltungsamt, „soll das Team unter sich ausmachen“. Zudem ist festzustellen, dass die

„neue Mutter“ immer wieder auf dem Schulgelände raucht. Sie meint, zumindest dann, wenn sie Pause habe, dürfe sie „machen was“, sie „will“.

Es obliegt tatsächlich dem Arbeitgeber, die tägliche Arbeitszeit eines Arbeitnehmers festzulegen, sofern es hierzu keine vertragliche Abrede gibt.

Eine solche Abrede gibt es im vorliegenden Fall nicht, denn die 20 Stunden geben nur die wöchentlich zu leistende Arbeitszeit wider, nicht allerdings den Beginn oder das Ende der täglichen Arbeitszeit. Auch ist aufgrund der noch kurzen Beschäftigungsdauer der Mutter noch keine Konkretisierung auf eine bestimmte Lage der Arbeitszeit eingetreten.

Mittels des **Weisungs- und Direktionsrechts** kann daher die Stadtverwaltung als Arbeitgeber die Lage der täglichen Arbeitszeit im Rahmen des sog. **billigen Ermessens einseitig festlegen.**

Er muss hierbei zwar nach Möglichkeit auf etwaige Personensorgepflichten Rücksicht nehmen; da sich allerdings die anderen Betreuungskräfte in einer ähnlichen Lage befinden und diese ebenso Verpflichtungen haben, kann auch die neue Kollegin ebenso zur Arbeit nach 15 Uhr eingeteilt werden.

Anders hingegen könnte sich die Situation darstellen, wenn in der GT-Einrichtung ansonsten vorrangig Betreuungskräfte tätig sind, deren Kinder schon volljährig oder selbstständiger sind.

Betreffend das Rauchen ist der Sachverhalt noch klarer: Zwar kann die Mutter, jetzt Betreuerin in der GT-Einrichtung, in ihrer Pause machen, „was sie will“, allerdings nicht auf dem Schulhof, denn dort – und das sollte jedem Mitarbeiter klar sein – herrscht generell Rauchverbot.

5. Ausgewählte Urteile

Auswahl der zitierten Rechtsprechung und weitere interessante Urteile

- BGH, Urt. vom 18.3.1997 – Az.: VI ZR 91/96 –, NJW 1997 S. 2047-2048
- BGH, Urt. vom 19.1.1993 – Az.: VI ZR 117/92 –, NJW 1993 S. 1003
- BGH, Urt. vom 29.5.1990 – Az.: VI ZR 205/89 –
- BGH, Urt. vom 29.5.1990 – Az.: VI ZR 205/89 –, NJW 1990 S. 2553
- BGH, Urt. vom 7.7.1987 – Az.: VI ZR 176/86 –, FamRZ 1987 S. 1128; NJW-RR 1987 S. 1430
- BGH, Urt. vom 10.7.1984 – Az.: VI ZR273/82 –, NJW 1984 S. 2574
- BGH, Urt. vom 6.4.1976 – Az.: VI ZR 93/75 –, NJW 1976 S. 1684
- BGH, Urt. vom 2.7.1968 – Az.: VI ZR 135/6 –, NJW 1968 S. 1874
- BGH, Urt. vom 17.5.1983 – Az.: VI ZR 263/81 –
- OLG Düsseldorf, Urt. vom 5.6.1996 – Az.: 5Ss 160/96-49/96 –, FamRZ 1996 S. 803
- OLG Düsseldorf, Urt. vom 12.10.1995 – Az.: 18U 225/94 –
- OLG Frankfurt am Main, Urt. vom 13.1.2014 – Az.: 1 U 76/13 –
- OLG Hamburg, Urt. vom 9.7.1965 – Az.: U 38/65 –
- OLG Köln, Urt. vom 27.5.1999 – Az.: 7U14/98 –
- LG Bad Kreuznach, Urteil vom 31.05.2012, Az.: 1024 Js 6294/10 Ns.
- VG Gießen, Urt. vom 11.6.2008 – Az.: 8 E 1490/07

6. Formulare / Praxishilfen

Praxishilfe 1: Medikamentenabgabe in der GT-Betreuung (1-4)

Teil 1: Einwilligung der Sorgeberechtigten

Hiermit willigen wir

____

(Name, Vorname Kindsmutter)

____

(Name, Vorname Kindsvater / 2. Sorgeberechtigte(r))

ein, dass unserem Schulkind

____

(Name, Vorname des Kindes/ aktuelle Klasse)

im Bedarfsfall folgende(s) nachfolgende(s) Medikament(e) durch nachfolgend namentlich benannte **Betreuungskräfte im schulischen Ganztag**:

____

____

____

ausgegeben werden darf.
Medikament(e):

____

____

Dosierung und Anleitung:
(wenn notwendig, Folgeblatt verwenden)

____

____

____

____

____

Der **Bedarfsfall** zeigt sich wie folgt an:

____

____

____

____

____

____

Die bereitzuhaltenden Medikamente sind für die Betreuungskräfte stets leicht erreichbar aufzubewahren, aber vor unbefugtem Zugriff durch Mitschüler zu schützen. Ein Warnschild im Schrank weist ausdrücklich darauf hin, dass es sich bei den Packungen um Medikamente handelt. Die Medikamente haben deutlich, und nicht nur auf der Schachtel, den Namen des Kindes tragen, für das die Medikamente bestimmt sind. Zumindest einzelne Kinder der Klasse müssen um die Aufbewahrung wissen, damit sie fremde Lehrer/innen darauf hinweisen können.
Die (Notfall-)medikamente befinden sich daher:
Raum:

____

Genauer Aufbewahrungsort:

____

Hiermit erklären wir, dass unserem Kind in der Schule durch eine Lehrkraft oder Ganztags-Betreuungskraft die durch den Arzt festgelegten Medikamente regelmäßig oder in der beschriebenen Situation verabreicht werden. Es ist mir bewusst, dass die GT-Betreuungskraft keine medizinische Ausbildung besitzt. Ich stelle hiermit ausdrücklich bezüglich der Verabreichung der oben genannten Medikamente **die handelnde Lehrkraft oder Pädagogische Mitarbeiterin von jeglichen Haftungsansprüchen unsererseits oder unseres Kindes frei.** Diese Einwilligung gilt ausschließlich für das **laufende Schuljahr** und muss stets jedes kommende Schuljahr im Bedarfsfall erneuert werden. Mögliche Änderungen bzgl. des Medikaments, Dosierung, o. ä. teilen wir der Schule unverzüglich mit.

____

____

(Unterschriften beider Sorgeberechtigter)

____

(Ort, Datum)

Teil 2: Datenschutzeinwilligung der Sorgeberechtigten

Einwilligung

Der Sorgeberechtigten gegenüber der Schule / Lehrkraft / GT-Betreuungskraft

(Name): ______________________________ zur Datennutzung (Weitergabe)

innerhalb der Schule (Name): ______________________________

Wir willigen ein, dass die Schule diejenigen personenbezogenen Daten unseres Kindes

(Name und Klasse): ______________________________

betr. die chronische Erkrankung ______________________________

an Lehrer*innen und Mitschüler*innen weitergibt, soweit dies für den fürsorglichen Umgang mit dem Kind in der Schule erforderlich ist.
Uns ist bekannt, dass wir unsere Einwilligung jederzeit mit Wirkung für die Zukunft widerrufen können.

***Nicht Gewünschtes bitte streichen.**

____
Datum und Ort

____

____
Unterschriften beider Sorgeberechtigten

Teil 3: Beschränkte Schweigepflichtsentbindung

Wir entbinden Frau / Herrn Dr. ______________________________

gegenüber

der Schule (Name) / der Lehrkraft / der Ganztagsbetreuungskraft (Name)*

____

von der ärztlichen Schweigepflicht gemäß § 203 StGB. Diese Schweigepflichtsentbindung bezieht sich nur auf die von der Schule zum fürsorglichen Umgang mit der Erkrankung erforderlichen personenbezogenen Daten unseres Kindes:

____

und beschränkt sich auf die chronische Erkrankung:

____

***Nicht Gewünschtes bitte streichen.**

____
Datum und Ort

____

____
Unterschriften beider Sorgeberechtigten

Teil 4: Medizinische Indikation des Hausarztes

Bescheinigung zur Vorlage in der Schule – Verabreichung von Medikamenten

Hiermit halte ich es für medizinisch indiziert, dass die Schülerin / der Schüler

____

geb. am ____________________

die nachfolgend aufgeführten Medikamente:

☐ zu folgenden Zeiten regelmäßig einnehmen muss:

(Name des Medikamentes / der Medikamente, Tageszeiten, Dosierung, Art der Verabreichung)

☐ in folgenden Fällen erhalten muss:

(Beschreibung der Anlasssituation, Name des Medikaments, Dosierung, Art der Verabreichung)

Die Sorgeberechtigten haben mich diesbezüglich von meiner Schweigepflicht befreit, für Rückfragen stehe ich telefonisch unter
______________________ zur Verfügung.

____

Datum und Ort

____

Unterschrift und Stempel mit KV-Zulassungsnr. des Arztes / der Ärztin

Praxishilfe 2: Elternbrief Läuse

Elternbrief Läuse

Liebe Eltern,
in der GT-Gruppe Ihres Kindes sind **Kopfläuse** festgestellt worden.
Kopflausbefall hat nichts mit mangelnder Hygiene oder Sauberkeit zu tun. Läuse kann jeder bekommen. Um eine Ausbreitung der Kopfläuse in unserer GT-Einrichtung zu verhindern, benötigen wir Ihre konkrete Mithilfe.
Bitte untersuchen Sie noch heute Ihr Kind, um festzustellen, ob es von Läusen befallen ist, und geben Sie diesen Elternbrief bitte morgen unterschrieben in Ihrer GT-Gruppe ab oder geben Sie diesen Brief Ihrem Kind morgen mit.
Kopfläuse sind oft schwer zu entdecken.
Überprüfen Sie daher bitte die Haare Ihres Kindes an den Schläfen, am Nacken und hinter den Ohren auf Eihüllen der Läuse. Die Eihüllen sind ovale Verdickungen am Haar, sehen aus wie kleine Knospen, sind weiß bis gräulich und ca. 1 mm groß. Sie sind meist nahe der Kopfhaut an den Haaren festgeklebt oder hinter den Ohren zu finden.
Kämmen Sie das nasse Haar Ihres Kindes mit einem in der Apotheke erhältlichen Läusekamm und reinigen Sie nach jeder Strähne den Kamm mit einem Taschentuch, um festzustellen, ob Sie eine Laus ausgekämmt haben. Kopfläuse sind ca. 3 mm groß, länglich, durchsichtig oder bräunlich.
Falls Sie bei Ihrem Kind Läuse oder Eihüllen entdecken, sind Sie gesetzlich verpflichtet, dies unverzüglich der GT-Leitung mitzuteilen. Sie können sich darauf verlassen, dass wir mit dieser Information selbstverständlich vertraulich umgehen.
Ihr Kind darf unsere GT-Einrichtung erst dann wieder besuchen, wenn es mit einem anerkannten Mittel gegen Läuse (aus der Apotheke) vorschriftsmäßig behandelt worden ist.
Zutreffendes bitte ankreuzen:
☐ Ich habe den Kopf meines Kindes untersucht und keine Kopfläuse, Larven oder Eier gefunden.
☐ Ich habe den Kopf meines Kindes untersucht und Läuse, Larven oder Eier gefunden. Ich habe mein Kind mit einem Kopflausmittel gemäß der Packungsbeilage behandelt und die Harre mit einem Nissenkamm nass ausgekämmt. Ich versichere, dass ich nach 8-10 Tagen die erforderliche zweite Behandlung durchführen werde, um den Kopflausbefall sicher zu beseitigen.
☐ Darüber hinaus bin ich damit einverstanden, dass die GT-Betreuungskräfte mein Kind im Bedarfsfall vorsorglich auf Kopfläuse überprüfen dürfen.

____

Datum, Unterschrift eines Sorgeberechtigten:

Praxishilfe 3: Zecken / Einwilligung

Einverständniserklärung

Entfernung von Zecken

Aus medizinischer Sicht ist das Entfernen von Zecken möglichst zeitnah zum Zeckenbiss sinnvoll. Um eine Zecke bei Ihrem Kind in unserer GT-Einrichtung entfernen zu können, benötigen wir Ihr **Einverständnis.** Sollten wir bei Ihrem Kind während der Betreuung in der Kindertageseinrichtung eine Zecke entdecken, werden wir diese **unmittelbar entfernen.**
Wurde eine Zecke entfernt, informieren wir Sie hierüber, wenn Sie Ihr Kind abholen. Wir bitten Sie auch nach dem Entfernen der Zecke darauf zu achten, ob bei Ihrem Kind folgende Reaktionen zu beobachten sind:

- Entzündung der Bissstelle
- Kreisrote Entzündung am Körper
- Allgemeines Krankheitsempfinden

Treten solche Reaktionen auf, stellen Sie bitte Ihr Kind einem **Arzt** vor. Mit der Entfernung der Zecke durch die Ganztagskräfte in der GT-einrichtung bin ich/sind wir einverstanden:

Ja ☐

Nein ☐

Falls Sie mit einer Zeckenentfernung durch uns nicht einverstanden sind, wird für den Fall eines Zeckenbisses folgendes Vorgehen in der GT-Betreuung vereinbart:

____

Datum und Ort

____

____

Unterschriften beider Sorgeberechtigten

Praxishilfe 4: Dienstanweisung

Umgang mit alkoholisierten oder berauschten Abholpersonen / Eltern (bei Abholung)

Arbeitsanweisung:

Ist eine abholberechtigte Person alkoholisiert oder erweckt diese auf den Mitarbeiter/die Mitarbeiter*innen den Eindruck, alkoholisiert zu sein oder Rauschmittel zu sich genommen zu haben, so darf das durch die Einrichtung und deren Mitarbeiter*innen das Kind an diese Person **nicht herausgegeben** werden.
Handelt es sich bei der alkoholisierten/offensichtlich Rauschmittel genommene Person um einen sorgeberechtigten Elternteil und lässt es der Zustand des Abholers zu, ist dieser aufzufordern, die GT-Einrichtung zu verlassen und mit einer zusätzlichen, nicht alkoholisierten (bzw. berauschten) Person wieder zu kommen. Sofern diese zweite Person nicht bekannt sein sollte, ist sich dessen Personalausweis zeigen zu lassen und eine schriftliche Notiz über den Vorfall mit Angabe des Datums und der Uhrzeit anzufertigen.
Der Träger unserer GT-Einrichtung und die Schulleitung sind im Nachgang über den Vorfall zu informieren.
Weigert sich der alkoholisierte/berauschte Elternteil, eine zusätzliche Person hinzuzuziehen, ist dieses Elternteil von unserer Einrichtung zu verweisen und über die Kontaktliste/Notfallliste zu versuchen, andere abholberechtigte Personen zu erreichen. Ist dies nicht erfolgreich ist die Polizei bzw. die Notfallnummer des Jugendamts zu verständigen.
Im Fall von Eigengefährdung oder einer Gefährdung der Kinder oder bei einer sonst bedrohlich wirkenden Situation ist gegenüber der berauschten/alkoholisierten Person ein Hausverbot auszusprechen und -bei Nichtbeachten- sofort die Polizei zu verständigen.
Auch hiervon ist der Träger und die Schulleitung unverzüglich zu unterrichten.
Diese Arbeitsanweisung tritt mit sofortiger Wirkung in Kraft.
Die Kenntnisnahme ist durch jede*n Beschäftigte*n durch Unterschrift zu bestätigen. Es wird darauf hingewiesen, dass eine Missachtung dieser Dienstanweisung arbeitsrechtliche Konsequenzen haben kann.

____

Datum und Ort

____

Unterschrift Arbeitgeber*in / Unterschrift Mitarbeiter*in

Praxishilfe 5

Muster GT-Aufnahmebogen

1. Angaben über das Kind

Nachname, Vorname	....
Geburtstag und Ort*	...........in.......................
Staatsangehörigkeit*	....
Straße	....
PLZ und Wohnort	....
Aufnahme am	
Abmeldung zum	

Telefonnummern für Notfälle		
Mutter privat:	Festnetz	Mobil ....
am Arbeitsplatz:	Festnetz	Mobil ....
Vater privat:	Festnetz	Mobil ....
am Arbeitsplatz:	Festnetz	Mobil ....

Hausarzt und Krankenkasse des Kindes	
Name des Hausarztes	
Anschrift	
Telefon	
Krankenkasse, bei der das Kind mitversichert ist	
Person, bei der das Kind mitversichert ist	

Erkrankungen und Medikamente Zutreffendes bitte ankreuzen! Ergänzende Informationen bitte in schriftlicher Form auf Folgeseiten!. ☐ Asthma ☐ Allergie ☐ Bluter ☐ Notwendige Medikamente ☐ Sonstiges

2. Angaben über die Personensorgeberechtigten

Name der Mutter	....
Geburtstag*	....
Beruf*	....
Staatsangehörigkeit*	....
Straße	....
PLZ und Wohnort	....
Arbeitsstätte*	....
Name des Vaters	....
Geburtstag*	....
Beruf*	....
Staatsangehörigkeit*	....
Straße	....
PLZ und Wohnort	....
Arbeitsstätte*	....

Ich/Wir verpflichten uns, sämtliche Änderungen nach dem Aufnahmeverfahren (z. B. Ehescheidung, Änderung des Sorgerechts, Eheschließung, Wohnortswechsel, etc.) **unverzüglich** der Leiterin der jeweiligen GT-Betreuungsgruppe zu melden.

____

Ort, Datum Unterschrift(en) des / der Personensorgeberechtigten

3. Überstandene Krankheiten

Bitte zutreffendes ankreuzen!
☐ Masern ☐ Keuchhusten
☐ Scharlach ☐ Mumps
☐ Röteln ☐ Windpocken
☐ Sonstige Krankheiten: ....

4. Chronische Erkrankungen

Wie z. B. Neurodermitis, Asthma, Allergien, Bluter
☐ ....
☐ ....
☐ ....

5. Impfungen

Bitte jeweiliges Datum angeben!
☐ Tetanus
1. am ....
2. am ....
3. am ....

6. Notwendige Medikamente*

☐ ....

7. Abholung

☐ unser Kind darf alleine nach Hause
☐ unser Kind darf nicht alleine nach Hause
☐ unser Kind fährt mit dem Bus Linie .... (keine Busaufsicht! Die Aufsichtspflicht endet am Ende des Betreuungsraumes)

Abholung durch fremde Personen
Sollten Sie Ihr Kind nicht selbst abholen, tragen Sie bitte hier ein, von wem Ihr Kind abgeholt werden darf:

Name	Notfall Tel	**Beziehungsgrad zum Kind** (Nachbar*in, Arbeitskolleg*in der Mutter, Großeltern, etc.)

8. Weitergabe und Veröffentlichung von Fotos, Filmaufnahmen und Interviews

☐ Die im Zusammenhang mit der Betreuung gemachten Fotos, Filmaufnehmen und Interviews dürfen unentgeltlich weitergegeben und veröffentlicht werden. **Bei Nicht-Zustimmung bitte diesen Passus streichen!**

9. Kleidung

Liebe Eltern, bitte beachten Sie, Ihr Kind witterungsbedingt zu kleiden.

10. Aushändigung der Benutzungsordnung

Die Benutzungsordnung der Betreuungsmaßnahmen wurde uns ausgehändigt. Wir verpflichten uns, diese aufmerksam zu lesen.

____
Ort, Datum Unterschrift Sorgeberechtigter 1

____
Ort, Datum Unterschrift Sorgeberechtigter 1

____
Name der GT-Leitung Datum, Unterschrift

***Diese Angaben sind freiwillig**

7. Einschlägige Gesetze (Auszüge)

7.1 Bürgerliches Gesetzbuch (BGB)

**vom 2. Januar 2002 (BGBl. I S. 42; 2003 I S. 738),
zuletzt geändert durch Art. 1 des Gesetzes vom 9. Juni 2021
(BGBl. I S. 1666)**

(Auszug)

§ 2 Eintritt der Volljährigkeit

Die Volljährigkeit tritt mit der Vollendung des 18. Lebensjahres ein.

§ 26 Vorstand, Vertretungsmacht

(1) Der Verein muss einen Vorstand haben. Der Vorstand vertritt den Verein gerichtlich und außergerichtlich; er hat die Stellung eines gesetzlichen Vertreters. Der Umfang der Vertretungsmacht kann durch die Satzung mit Wirkung gegen Dritte beschränkt werden.

(2) Besteht der Vorstand aus mehreren Personen, so wird der Verein durch die Mehrheit der Vorstandsmitglieder vertreten. Ist eine Willenserklärung gegenüber einem Verein abzugeben, so genügt die Abgabe gegenüber einem Mitglied des Vorstands.

§ 30 Besondere Vertreter

Durch die Satzung kann bestimmt werden, dass neben dem Vorstand für gewisse Geschäfte besondere Vertreter zu bestellen sind. Die Vertretungsmacht eines solchen Vertreters erstreckt sich im Zweifel auf alle Rechtsgeschäfte, die der ihm zugewiesene Geschäftskreis gewöhnlich mit sich bringt.

§ 31 Haftung des Vereins für Organe

Der Verein ist für den Schaden verantwortlich, den der Vorstand, ein Mitglied des Vorstands oder ein anderer verfassungsmäßig berufener Vertreter durch eine in Ausführung der ihm zustehenden Verrichtungen begangene, zum Schadensersatz verpflichtende Handlung einem Dritten zufügt.

§ 31a Haftung von Vorstandsmitgliedern, Organmitgliedern oder besonderen Vertretern

(1) Sind Organmitglieder oder besondere Vertreter unentgeltlich tätig oder erhalten sie für ihre Tätigkeit eine Vergütung, die 720 Euro jährlich nicht übersteigt, haften sie dem Verein für einen bei der Wahrnehmung ihrer Pflichten verursachten Schaden nur bei Vorliegen von Vorsatz oder grober Fahrlässigkeit. Satz 1 gilt auch für die Haftung gegenüber den Mitgliedern des Vereins. Ist streitig, ob ein Organmitglied oder ein besonderer Vertreter einen Schaden vorsätzlich oder grob fahrlässig verursacht hat, trägt der Verein oder das Vereinsmitglied die Beweislast.

(2) Sind Organmitglieder oder besondere Vertreter nach Absatz 1 Satz 1 einem anderen zum Ersatz eines Schadens verpflichtet, den sie bei der Wahrnehmung ihrer Pflichten verursacht haben, so können sie von dem Verein die Befreiung von der Verbindlichkeit verlangen. Satz 1 gilt nicht, wenn der Schaden vorsätzlich oder grob fahrlässig verursacht wurde.

§ 31b Haftung für Vereinsmitglieder

(1) Sind Vereinsmitglieder unentgeltlich für den Verein tätig oder erhalten sie für ihre Tätigkeit eine Vergütung, die 720 Euro jährlich nicht übersteigt, haften sie dem Verein für einen Schaden, den sie bei der Wahrnehmung der ihnen übertragenen satzungsgemäßen Vereinsaufgaben verursachen, nur bei Vorliegen von Vorsatz oder grober Fahrlässigkeit. § 31a Absatz 1 Satz 3 ist entsprechend anzuwenden.

(2) Sind Vereinsmitglieder nach Absatz 1 Satz 1 einem anderen zum Ersatz eines Schadens verpflichtet, den sie bei der Wahrnehmung der ihnen übertragenen satzungsgemäßen Vereinsaufgaben verursacht haben, so können sie von dem Verein die Befreiung von der Verbindlichkeit verlangen. Satz 1 gilt nicht, wenn die Vereinsmitglieder den Schaden vorsätzlich oder grob fahrlässig verursacht haben.

§ 89 Haftung für Organe

(1) Die Vorschrift des § 31 findet auf den Fiskus sowie auf die Körperschaften, Stiftungen und Anstalten des öffentlichen Rechts entsprechende Anwendung.

(2) Das Gleiche gilt, soweit bei Körperschaften, Stiftungen und Anstalten des öffentlichen Rechts das Insolvenzverfahren zulässig ist, von der Vorschrift des § 42 Abs. 2.

§ 107 Einwilligung des gesetzlichen Vertreters

Der Minderjährige bedarf zu einer Willenserklärung, durch die er nicht lediglich einen rechtlichen Vorteil erlangt, der Einwilligung seines gesetzlichen Vertreters.

§ 242 Leistung nach Treu und Glauben

Der Schuldner ist verpflichtet, die Leistung so zu bewirken, wie Treu und Glauben mit Rücksicht auf die Verkehrssitte es erfordern.

§ 276 Haftung für eigenes Verschulden

(1) Der Schuldner hat Vorsatz und Fahrlässigkeit zu vertreten, wenn eine strengere oder mildere Haftung weder bestimmt noch aus dem sonstigen Inhalt des Schuldverhältnisses, insbesondere aus der Übernahme einer Garantie oder eines Beschaffungsrisikos zu entnehmen ist. Die Vorschriften der §§ 827 und 828 finden entsprechende Anwendung.

(2) Fahrlässig handelt, wer die im Verkehr erforderliche Sorgfalt außer Acht lässt.

(3) Die Haftung wegen Vorsatzes kann dem Schuldner nicht im Voraus erlassen werden.

§ 278 Verschulden des Erfüllungsgehilfen

Der Schuldner hat ein Verschulden seines gesetzlichen Vertreters und der Personen, deren er sich zur Erfüllung seiner Verbindlichkeit bedient, in gleichem Umfang zu vertreten wie eigenes Verschulden. Die Vorschrift des § 276 Abs. 3 findet keine Anwendung.

§ 280 Schadensersatz wegen Pflichtverletzung

(1) Verletzt der Schuldner eine Pflicht aus dem Schuldverhältnis, so kann der Gläubiger Ersatz des hierdurch entstehenden Schadens verlangen. Dies gilt nicht, wenn der Schuldner die Pflichtverletzung nicht zu vertreten hat.

(2) Schadensersatz wegen Verzögerung der Leistung kann der Gläubiger nur unter der zusätzlichen Voraussetzung des § 286 verlangen.

(3) Schadensersatz statt der Leistung kann der Gläubiger nur unter den zusätzlichen Voraussetzungen des § 281, des § 282 oder des § 283 verlangen.

§ 309 Klauselverbote ohne Wertungsmöglichkeit

Auch soweit eine Abweichung von den gesetzlichen Vorschriften zulässig ist, ist in Allgemeinen Geschäftsbedingungen unwirksam

...

7. (Haftungsausschluss bei Verletzung von Leben, Körper, Gesundheit und bei grobem Verschulden)

a) (Verletzung von Leben, Körper, Gesundheit)

ein Ausschluss oder eine Begrenzung der Haftung für Schäden aus der Verletzung des Lebens, des Körpers oder der Gesundheit, die auf einer fahrlässigen Pflichtverletzung des Verwenders oder einer vorsätzlichen oder fahrlässigen Pflichtverletzung eines gesetzlichen Vertreters oder Erfüllungsgehilfen des Verwenders beruhen;

b) (Grobes Verschulden)

ein Ausschluss oder eine Begrenzung der Haftung für sonstige Schäden, die auf einer grob fahrlässigen Pflichtverletzung des Verwenders oder auf einer vorsätzlichen oder grob fahrlässigen Pflichtverletzung eines gesetzlichen Vertreters oder Erfüllungsgehilfen des Verwenders beruhen; die Buchstaben a und b gelten nicht für Haftungsbeschränkungen in den nach Maßgabe des Personenbeförderungsgesetzes genehmigten Beförderungsbedingungen und Tarifvorschriften der Straßenbahnen, Obusse und Kraftfahrzeuge im Linienverkehr, soweit sie nicht zum Nachteil des Fahrgasts von der Verordnung über die Allgemeinen Beförderungsbedingungen für den Straßenbahn- und Obusverkehr sowie den Linienverkehr mit Kraftfahrzeugen vom 27. Februar 1970 abweichen; Buchstabe b gilt nicht für Haftungsbeschränkungen für staatlich genehmigte Lotterie- oder Ausspielverträge;

...

§ 421 Gesamtschuldner

Schulden mehrere eine Leistung in der Weise, dass jeder die ganze Leistung zu bewirken verpflichtet, der Gläubiger aber die Leistung nur einmal zu fordern berechtigt ist (Gesamtschuldner), so kann der Gläubiger die Leistung nach seinem Belieben von jedem der Schuldner ganz oder zu einem Teil fordern. Bis zur Bewirkung der ganzen Leistung bleiben sämtliche Schuldner verpflichtet.

§ 619a Beweislast bei Haftung des Arbeitnehmers

Abweichend von § 280 Abs. 1 hat der Arbeitnehmer dem Arbeitgeber Ersatz für den aus der Verletzung einer Pflicht aus dem Arbeitsverhältnis entstehenden Schaden nur zu leisten, wenn er die Pflichtverletzung zu vertreten hat.

§ 823 Schadensersatzpflicht

(1) Wer vorsätzlich oder fahrlässig das Leben, den Körper, die Gesundheit, die Freiheit, das Eigentum oder ein sonstiges Recht eines anderen widerrechtlich verletzt, ist dem anderen zum Ersatz des daraus entstehenden Schadens verpflichtet.

(2) Die gleiche Verpflichtung trifft denjenigen, welcher gegen ein den Schutz eines anderen bezweckendes Gesetz verstößt. Ist nach dem Inhalt des Gesetzes ein Verstoß gegen dieses auch ohne Verschulden möglich, so tritt die Ersatzpflicht nur im Falle des Verschuldens ein.

§ 828 Minderjährige

(1) Wer nicht das siebente Lebensjahr vollendet hat, ist für einen Schaden, den er einem anderen zufügt, nicht verantwortlich.

(2) Wer das siebente, aber nicht das zehnte Lebensjahr vollendet hat, ist für den Schaden, den er bei einem Unfall mit einem Kraftfahrzeug, einer Schienenbahn oder einer Schwebebahn einem anderen zufügt, nicht verantwortlich. Dies gilt nicht, wenn er die Verletzung vorsätzlich herbeigeführt hat.

(3) Wer das 18. Lebensjahr noch nicht vollendet hat, ist, sofern seine Verantwortlichkeit nicht nach Absatz 1 oder 2 ausgeschlossen ist, für den Schaden, den er einem anderen zufügt, nicht verantwortlich, wenn er bei der Begehung

der schädigenden Handlung nicht die zur Erkenntnis der Verantwortlichkeit erforderliche Einsicht hat.

§ 829 Ersatzpflicht aus Billigkeitsgründen

Wer in einem der in den §§ 823 bis 826 bezeichneten Fälle für einen von ihm verursachten Schaden auf Grund der §§ 827, 828 nicht verantwortlich ist, hat gleichwohl, sofern der Ersatz des Schadens nicht von einem aufsichtspflichtigen Dritten erlangt werden kann, den Schaden insoweit zu ersetzen, als die Billigkeit nach den Umständen, insbesondere nach den Verhältnissen der Beteiligten, eine Schadloshaltung erfordert und ihm nicht die Mittel entzogen werden, deren er zum angemessenen Unterhalt sowie zur Erfüllung seiner gesetzlichen Unterhaltspflichten bedarf.

§ 831 Haftung für den Verrichtungsgehilfen

(1) Wer einen anderen zu einer Verrichtung bestellt, ist zum Ersatz des Schadens verpflichtet, den der andere in Ausführung der Verrichtung einem Dritten widerrechtlich zufügt. Die Ersatzpflicht tritt nicht ein, wenn der Geschäftsherr bei der Auswahl der bestellten Person und, sofern er Vorrichtungen oder Gerätschaften zu beschaffen oder die Ausführung der Verrichtung zu leiten hat, bei der Beschaffung oder der Leitung die im Verkehr erforderliche Sorgfalt beobachtet oder wenn der Schaden auch bei Anwendung dieser Sorgfalt entstanden sein würde.

(2) Die gleiche Verantwortlichkeit trifft denjenigen, welcher für den Geschäftsherrn die Besorgung eines der im Absatz 1 Satz 2 bezeichneten Geschäfte durch Vertrag übernimmt.

§ 832 Haftung des Aufsichtspflichtigen

(1) Wer kraft Gesetzes zur Führung der Aufsicht über eine Person verpflichtet ist, die wegen Minderjährigkeit oder wegen ihres geistigen oder körperlichen Zustands der Beaufsichtigung bedarf, ist zum Ersatz des Schadens verpflichtet, den diese Person einem Dritten widerrechtlich zufügt. Die Ersatzpflicht tritt nicht ein, wenn er seiner Aufsichtspflicht genügt oder wenn der Schaden auch bei gehöriger Aufsichtsführung entstanden sein würde.

(2) Die gleiche Verantwortlichkeit trifft denjenigen, welcher die Führung der Aufsicht durch Vertrag übernimmt.

§ 840 Haftung mehrerer

(1) Sind für den aus einer unerlaubten Handlung entstehenden Schaden mehrere nebeneinander verantwortlich, so haften sie als Gesamtschuldner.

(2) Ist neben demjenigen, welcher nach den §§ 831, 832 zum Ersatz des von einem anderen verursachten Schadens verpflichtet ist, auch der andere für den Schaden verantwortlich, so ist in ihrem Verhältnis zueinander der andere allein, im Falle des § 829 der Aufsichtspflichtige allein verpflichtet.

(3) Ist neben demjenigen, welcher nach den §§ 833 bis 838 zum Ersatz des Schadens verpflichtet ist, ein Dritter für den Schaden verantwortlich, so ist in ihrem Verhältnis zueinander der Dritte allein verpflichtet.

§ 1626 Personensorge, Vermögenssorge

(1) Die Eltern haben die Pflicht und das Recht, für das minderjährige Kind zu sorgen (elterliche Sorge). Die elterliche Sorge umfasst die Sorge für die Person des Kindes (Personensorge) und das Vermögen des Kindes (Vermögenssorge).

(2) Bei der Pflege und Erziehung berücksichtigen die Eltern die wachsende Fähigkeit und das wachsende Bedürfnis des Kindes zu selbständigem verantwortungsbewusstem Handeln. Sie besprechen mit dem Kind, soweit es nach dessen Entwicklungsstand angezeigt ist, Fragen der elterlichen Sorge und streben Einvernehmen an.

(3) Zum Wohl des Kindes gehört in der Regel der Umgang mit beiden Elternteilen. Gleiches gilt für den Umgang mit anderen Personen, zu denen das Kind Bindungen besitzt, wenn ihre Aufrechterhaltung für seine Entwicklung förderlich ist.

§ 1626a Nicht verheiratete Eltern

(1) Sind die Eltern bei der Geburt des Kindes nicht miteinander verheiratet, so steht ihnen die elterliche Sorge gemeinsam zu,

1. wenn sie erklären, dass sie die Sorge gemeinsam übernehmen wollen (Sorgeerklärungen),

2. wenn sie einander heiraten oder

3. soweit ihnen das Familiengericht die elterliche Sorge gemeinsam überträgt.

(2) Das Familiengericht überträgt gemäß Absatz 1 Nummer 3 auf Antrag eines Elternteils die elterliche Sorge oder einen Teil der elterlichen Sorge beiden Eltern gemeinsam, wenn die Übertragung dem Kindeswohl nicht widerspricht. Trägt der andere Elternteil keine Gründe vor, die der Übertragung der gemeinsamen elterlichen Sorge entgegenstehen können, und sind solche Gründe auch sonst nicht ersichtlich, wird vermutet, dass die gemeinsame elterliche Sorge dem Kindeswohl nicht widerspricht.

(3) Im Übrigen hat die Mutter die elterliche Sorge.

§ 1627 Ausübung der elterlichen Sorge

Die Eltern haben die elterliche Sorge in eigener Verantwortung und in gegenseitigem Einvernehmen zum Wohl des Kindes auszuüben. Bei Meinungsverschiedenheiten müssen sie versuchen, sich zu einigen.

§ 1629 Vertretung des Kindes

Die elterliche Sorge umfasst die Vertretung des Kindes. Die Eltern vertreten das Kind gemeinschaftlich; ist eine Willenserklärung gegenüber dem Kind abzugeben, so genügt die Abgabe gegenüber einem Elternteil. Ein Elternteil vertritt das Kind allein, soweit er die elterliche Sorge allein ausübt oder ihm die Entscheidung nach § 1628 übertragen ist. Bei Gefahr im Verzug ist jeder Elternteil dazu berechtigt, alle Rechtshandlungen vorzunehmen, die zum Wohl des Kindes notwendig sind; der andere Elternteil ist unverzüglich zu unterrichten.

...

§ 1631 Inhalt und Grenzen des Personensorgerechts

(1) Die Personensorge umfasst insbesondere die Pflicht und das Recht, das Kind zu pflegen, zu erziehen, zu beaufsichtigen und seinen Aufenthalt zu bestimmen.

(2) Kinder haben ein Recht auf gewaltfreie Erziehung. Körperliche Bestrafungen, seelische Verletzungen und andere entwürdigende Maßnahmen sind unzulässig.

(3) Das Familiengericht hat die Eltern auf Antrag bei der Ausübung der Personensorge in geeigneten Fällen zu unterstützen.

§ 1632 Anspruch auf Herausgabe des Kindes; Bestimmung des Umgangs

(1) Die Personensorge umfasst das Recht, die Herausgabe des Kindes von jedem zu verlangen, der es den Eltern oder einem Elternteil widerrechtlich vorenthält.

(2) Die Personensorge umfasst ferner das Recht, den Umgang des Kindes auch mit Wirkung für und gegen Dritte zu bestimmen.

(3) Über Streitigkeiten, die eine Angelegenheit nach Absatz 1 oder 2 betreffen, entscheidet das Familiengericht auf Antrag eines Elternteils.

(4) Lebt das Kind seit längerer Zeit in Familienpflege und wollen die Eltern das Kind von der Pflegeperson wegnehmen, so kann das Familiengericht von Amts wegen oder auf Antrag der Pflegeperson anordnen, dass das Kind bei der Pflegeperson verbleibt, wenn und solange das Kindeswohl durch die Wegnahme gefährdet würde.

§ 1666 Gerichtliche Maßnahmen bei Gefährdung des Kindeswohls

(1) Wird das körperliche, geistige oder seelische Wohl des Kindes oder sein Vermögen gefährdet und sind die Eltern nicht gewillt oder nicht in der Lage, die Gefahr abzuwenden, so hat das Familiengericht die Maßnahmen zu treffen, die zur Abwendung der Gefahr erforderlich sind.

(2) In der Regel ist anzunehmen, dass das Vermögen des Kindes gefährdet ist, wenn der Inhaber der Vermögenssorge seine Unterhaltspflicht gegenüber dem Kind oder seine mit der Vermögenssorge verbundenen Pflichten verletzt oder Anordnungen des Gerichts, die sich auf die Vermögenssorge beziehen, nicht befolgt.

(3) Zu den gerichtlichen Maßnahmen nach Absatz 1 gehören insbesondere

1. Gebote, öffentliche Hilfen wie zum Beispiel Leistungen der Kinder- und Jugendhilfe und der Gesundheitsfürsorge in Anspruch zu nehmen,

2. Gebote, für die Einhaltung der Schulpflicht zu sorgen,

3. Verbote, vorübergehend oder auf unbestimmte Zeit die Familienwohnung oder eine andere Wohnung zu nutzen, sich in einem bestimmten Umkreis der Wohnung aufzuhalten oder zu bestimmende andere Orte aufzusuchen, an denen sich das Kind regelmäßig aufhält,

4. Verbote, Verbindung zum Kind aufzunehmen oder ein Zusammentreffen mit dem Kind herbeizuführen,

5. die Ersetzung von Erklärungen des Inhabers der elterlichen Sorge,

6. die teilweise oder vollständige Entziehung der elterlichen Sorge.

(4) In Angelegenheiten der Personensorge kann das Gericht auch Maßnahmen mit Wirkung gegen einen Dritten treffen.

§ 1671 Übertragung der Alleinsorge bei getrennt lebenden Eltern

(1) Leben Eltern nicht nur vorübergehend getrennt und steht ihnen die elterliche Sorge gemeinsam zu, so kann jeder Elternteil beantragen, dass ihm das Familiengericht die elterliche Sorge oder einen Teil der elterlichen Sorge allein überträgt. Dem Antrag ist stattzugeben, soweit

1. der andere Elternteil zustimmt, es sei denn, das Kind hat das 14. Lebensjahr vollendet und widerspricht der Übertragung, oder

2. zu erwarten ist, dass die Aufhebung der gemeinsamen Sorge und die Übertragung auf den Antragsteller dem Wohl des Kindes am besten entspricht.

(2) Leben Eltern nicht nur vorübergehend getrennt und steht die elterliche Sorge nach § 1626a Absatz 3 der Mutter zu, so kann der Vater beantragen, dass ihm das Familiengericht die elterliche Sorge oder einen Teil der elterlichen Sorge allein überträgt. Dem Antrag ist stattzugeben, soweit

1. die Mutter zustimmt, es sei denn, die Übertragung widerspricht dem Wohl des Kindes oder das Kind hat das 14. Lebensjahr vollendet und widerspricht der Übertragung, oder

2. eine gemeinsame Sorge nicht in Betracht kommt und zu erwarten ist, dass die Übertragung auf den Vater dem Wohl des Kindes am besten entspricht.

(3) Ruht die elterliche Sorge der Mutter nach § 1751 Absatz 1 Satz 1, so gilt der Antrag des Vaters auf Übertragung der gemeinsamen elterlichen Sorge nach § 1626a Absatz 2 als Antrag nach Absatz 2. Dem Antrag ist stattzugeben, soweit die Übertragung der elterlichen Sorge auf den Vater dem Wohl des Kindes nicht widerspricht.

(4) Den Anträgen nach den Absätzen 1 und 2 ist nicht stattzugeben, soweit die elterliche Sorge auf Grund anderer Vorschriften abweichend geregelt werden muss.

§ 1680 Tod eines Elternteils oder Entziehung des Sorgerechts

(1) Stand die elterliche Sorge den Eltern gemeinsam zu und ist ein Elternteil gestorben, so steht die elterliche Sorge dem überlebenden Elternteil zu.

(2) Ist ein Elternteil, dem die elterliche Sorge gemäß § 1626a Absatz 3 oder § 1671 allein zustand, gestorben, so hat das Familiengericht die elterliche Sorge dem überlebenden Elternteil zu übertragen, wenn dies dem Wohl des Kindes nicht widerspricht.

(3) Die Absätze 1 und 2 gelten entsprechend, soweit einem Elternteil die elterliche Sorge entzogen wird.

§ 1687 Ausübung der gemeinsamen Sorge bei Getrenntleben

(1) Leben Eltern, denen die elterliche Sorge gemeinsam zusteht, nicht nur vorübergehend getrennt, so ist bei Entscheidungen in Angelegenheiten, deren Regelung für das Kind von erheblicher Bedeutung ist, ihr gegenseitiges Einvernehmen erforderlich. Der Elternteil, bei dem sich das Kind mit Einwilligung des anderen Elternteils oder auf Grund einer gerichtlichen Entscheidung gewöhnlich aufhält, hat die Befugnis zur alleinigen Entscheidung in Angelegenheiten des täglichen Lebens. Entscheidungen in Angelegenheiten des täglichen Lebens sind in der Regel solche, die häufig vorkommen und die keine schwer abzuändernden Auswirkungen auf die Entwicklung des Kindes haben. Solange sich das Kind mit Einwilligung dieses Elternteils oder auf Grund einer gerichtlichen Entscheidung bei dem anderen Elternteil aufhält, hat dieser die Befugnis zur alleinigen Entscheidung in Angelegenheiten der

tatsächlichen Betreuung. § 1629 Abs. 1 Satz 4 und § 1684 Abs. 2 Satz 1 gelten entsprechend.

(2) Das Familiengericht kann die Befugnisse nach Absatz 1 Satz 2 und 4 einschränken oder ausschließen, wenn dies zum Wohl des Kindes erforderlich ist.

§ 1754 Rechtliche Stellung des Kindes bei Adoption

(1) Nimmt ein Ehepaar ein Kind an oder nimmt ein Ehegatte ein Kind des anderen Ehegatten an, so erlangt das Kind die rechtliche Stellung eines gemeinschaftlichen Kindes der Ehegatten.

(2) In den anderen Fällen erlangt das Kind die rechtliche Stellung eines Kindes des Annehmenden.

(3) Die elterliche Sorge steht in den Fällen des Absatzes 1 den Ehegatten gemeinsam, in den Fällen des Absatzes 2 dem Annehmenden zu.

§ 1793 Aufgabe des Vormunds, Haftung des Mündels

(1) Der Vormund hat das Recht und die Pflicht, für die Person und das Vermögen des Mündels zu sorgen, insbesondere den Mündel zu vertreten. § 1626 Abs. 2 gilt entsprechend. Ist der Mündel auf längere Dauer in den Haushalt des Vormunds aufgenommen, so gelten auch die §§ 1618a, 1619, 1664 entsprechend.

(1a) Der Vormund hat mit dem Mündel persönlichen Kontakt zu halten. Er soll den Mündel in der Regel einmal im Monat in dessen üblicher Umgebung aufsuchen, es sei denn, im Einzelfall sind kürzere oder längere Besuchsabstände oder ein anderer Ort geboten.

(2) Für Verbindlichkeiten, die im Rahmen der Vertretungsmacht nach Absatz 1 gegenüber dem Mündel begründet werden, haftet der Mündel entsprechend § 1629a.

§ 1915 Anwendung des Vormundschaftsrechts

(1) Auf die Pflegschaft finden die für die Vormundschaft geltenden Vorschriften entsprechende Anwendung, soweit sich nicht aus dem Gesetz ein anderes ergibt. Abweichend von § 3 Abs. 1 bis 3 des Vormünder- und Betreuervergütungsgesetzes bestimmt sich die Höhe einer nach § 1836 Abs. 1 zu bewilligenden Vergütung nach den für die Führung der Pflegschaftsgeschäf-

te nutzbaren Fachkenntnissen des Pflegers sowie nach dem Umfang und der Schwierigkeit der Pflegschaftsgeschäfte, sofern der Pflegling nicht mittellos ist. An die Stelle des Familiengerichts tritt das Betreuungsgericht; dies gilt nicht bei der Pflegschaft für Minderjährige oder für eine Leibesfrucht.

(2) Die Bestellung eines Gegenvormunds ist nicht erforderlich.

(3) § 1793 Abs. 2 findet auf die Pflegschaft für Volljährige keine Anwendung.

7.2 Achtes Buch Sozialgesetzbuch (SGB VIII) / Kinder- und Jugendhilfegesetz (KJHG)

in der Fassung der Bekanntmachung vom 11. September 2012 (BGBl. I S. 2022), zuletzt geändert durch Art. 1 des Gesetzes vom 3. Juni 2021 (BGBl. I S. 1444)

(Auszug)

§ 1 Recht auf Erziehung, Elternverantwortung, Jugendhilfe

(1) Jeder junge Mensch hat ein Recht auf Förderung seiner Entwicklung und auf Erziehung zu einer eigenverantwortlichen und gemeinschaftsfähigen Persönlichkeit.

(2) Pflege und Erziehung der Kinder sind das natürliche Recht der Eltern und die zuvörderst ihnen obliegende Pflicht. Über ihre Betätigung wacht die staatliche Gemeinschaft.

(3) Jugendhilfe soll zur Verwirklichung des Rechts nach Absatz 1 insbesondere

1. junge Menschen in ihrer individuellen und sozialen Entwicklung fördern und dazu beitragen, Benachteiligungen zu vermeiden oder abzubauen,

2. Eltern und andere Erziehungsberechtigte bei der Erziehung beraten und unterstützen,

3. Kinder und Jugendliche vor Gefahren für ihr Wohl schützen,

4. dazu beitragen, positive Lebensbedingungen für junge Menschen und ihre Familien sowie eine kinder- und familienfreundliche Umwelt zu erhalten oder zu schaffen.

§ 9 Grundrichtung der Erziehung, Gleichberechtigung von Mädchen und Jungen

Bei der Ausgestaltung der Leistungen und der Erfüllung der Aufgaben sind

1. die von den Personensorgeberechtigten bestimmte Grundrichtung der Erziehung sowie die Rechte der Personensorgeberechtigten und des Kindes oder des Jugendlichen bei der Bestimmung der religiösen Erziehung zu beachten,

2. die wachsende Fähigkeit und das wachsende Bedürfnis des Kindes oder des Jugendlichen zu selbständigem, verantwortungsbewusstem Handeln sowie die jeweiligen besonderen sozialen und kulturellen Bedürfnisse und Eigenarten junger Menschen und ihrer Familien zu berücksichtigen,

3. die unterschiedlichen Lebenslagen von Mädchen und Jungen zu berücksichtigen, Benachteiligungen abzubauen und die Gleichberechtigung von Mädchen und Jungen zu fördern.

§ 22 Grundsätze der Förderung

(1) Tageseinrichtungen sind Einrichtungen, in denen sich Kinder für einen Teil des Tages oder ganztägig aufhalten und in Gruppen gefördert werden. Kindertagespflege wird von einer geeigneten Tagespflegeperson in ihrem Haushalt oder im Haushalt des Personensorgeberechtigten geleistet. Das Nähere über die Abgrenzung von Tageseinrichtungen und Kindertagespflege regelt das Landesrecht. Es kann auch regeln, dass Kindertagespflege in anderen geeigneten Räumen geleistet wird.

(2) Tageseinrichtungen für Kinder und Kindertagespflege sollen

1. die Entwicklung des Kindes zu einer eigenverantwortlichen und gemeinschaftsfähigen Persönlichkeit fördern,

2. die Erziehung und Bildung in der Familie unterstützen und ergänzen,

3. den Eltern dabei helfen, Erwerbstätigkeit und Kindererziehung besser miteinander vereinbaren zu können.

(3) Der Förderungsauftrag umfasst Erziehung, Bildung und Betreuung des Kindes und bezieht sich auf die soziale, emotionale, körperliche und geistige Entwicklung des Kindes. Er schließt die Vermittlung orientierender Werte und Regeln ein. Die Förderung soll sich am Alter und Entwicklungsstand, den sprachlichen und sonstigen Fähigkeiten, der Lebenssituation sowie den Inter-

essen und Bedürfnissen des einzelnen Kindes orientieren und seine ethnische Herkunft berücksichtigen.

(4) Für die Erfüllung des Förderungsauftrags nach Absatz 3 sollen geeignete Maßnahmen zur Gewährleistung der Qualität der Förderung von Kindern in Tageseinrichtungen und in der Kindertagespflege weiterentwickelt werden. Das Nähere regelt das Landesrecht.

7.3 Strafgesetzbuch (StGB)

in der Fassung der Bekanntmachung vom 13. November 1998 (BGBl. I S. 3322), zuletzt geändert durch Art. 1 des Gesetzes vom 30. März 2021 (BGBl. I S. 441)

(Auszug)

§ 13 Begehen durch Unterlassen

(1) Wer es unterlässt, einen Erfolg abzuwenden, der zum Tatbestand eines Strafgesetzes gehört, ist nach diesem Gesetz nur dann strafbar, wenn er rechtlich dafür einzustehen hat, dass der Erfolg nicht eintritt, und wenn das Unterlassen der Verwirklichung des gesetzlichen Tatbestandes durch ein Tun entspricht.

(2) Die Strafe kann nach § 49 Abs. 1 gemildert werden.

§ 15 Vorsätzliches und fahrlässiges Handeln

Strafbar ist nur vorsätzliches Handeln, wenn nicht das Gesetz fahrlässiges Handeln ausdrücklich mit Strafe bedroht.

§ 77 Antragsberechtigte

(1) Ist die Tat nur auf Antrag verfolgbar, so kann, soweit das Gesetz nichts anderes bestimmt, der Verletzte den Antrag stellen.

(2) Stirbt der Verletzte, so geht sein Antragsrecht in den Fällen, die das Gesetz bestimmt, auf den Ehegatten, den Lebenspartner und die Kinder über. Hat

der Verletzte weder einen Ehegatten, oder einen Lebenspartner noch Kinder hinterlassen oder sind sie vor Ablauf der Antragsfrist gestorben, so geht das Antragsrecht auf die Eltern und, wenn auch sie vor Ablauf der Antragsfrist gestorben sind, auf die Geschwister und die Enkel über. Ist ein Angehöriger an der Tat beteiligt oder ist seine Verwandtschaft erloschen, so scheidet er bei dem Übergang des Antragsrechts aus. Das Antragsrecht geht nicht über, wenn die Verfolgung dem erklärten Willen des Verletzten widerspricht.

(3) Ist der Antragsberechtigte geschäftsunfähig oder beschränkt geschäftsfähig, so können der gesetzliche Vertreter in den persönlichen Angelegenheiten und derjenige, dem die Sorge für die Person des Antragsberechtigten zusteht, den Antrag stellen.

(4) Sind mehrere antragsberechtigt, so kann jeder den Antrag selbständig stellen.

§ 222 Fahrlässige Tötung

Wer durch Fahrlässigkeit den Tod eines Menschen verursacht, wird mit Freiheitsstrafe bis zu fünf Jahren oder mit Geldstrafe bestraft.

§ 230 Strafantrag

(1) Die vorsätzliche Körperverletzung nach § 223 und die fahrlässige Körperverletzung nach § 229 werden nur auf Antrag verfolgt, es sei denn, dass die Strafverfolgungsbehörde wegen des besonderen öffentlichen Interesses an der Strafverfolgung ein Einschreiten von Amts wegen für geboten hält. Stirbt die verletzte Person, so geht bei vorsätzlicher Körperverletzung das Antragsrecht nach § 77 Abs. 2 auf die Angehörigen über.

(2) Ist die Tat gegen einen Amtsträger, einen für den öffentlichen Dienst besonders Verpflichteten oder einen Soldaten der Bundeswehr während der Ausübung seines Dienstes oder in Beziehung auf seinen Dienst begangen, so wird sie auch auf Antrag des Dienstvorgesetzten verfolgt. Dasselbe gilt für Träger von Ämtern der Kirchen und anderen Religionsgesellschaften des öffentlichen Rechts.

§ 323c Unterlassene Hilfeleistung

(1) Wer bei Unglücksfällen oder gemeiner Gefahr oder Not nicht Hilfe leistet, obwohl dies erforderlich und ihm den Umständen nach zuzumuten, insbeson-

dere ohne erhebliche eigene Gefahr und ohne Verletzung anderer wichtiger Pflichten möglich ist, wird mit Freiheitsstrafe bis zu einem Jahr oder mit Geldstrafe bestraft.

(2) Ebenso wird bestraft, wer in diesen Situationen eine Person behindert, die einem Dritten Hilfe leistet oder leisten will.

7.4 Straßenverkehrsordnung (StVO)

vom 6. März 2013 (BGBl. I S. 367),
zuletzt geändert durch Art. 1 der Verordnung vom 18. Dezember 2020 (BGBl. I S. 3047)

(Auszug)

§ 21 Personenbeförderung

(1) In Kraftfahrzeugen dürfen nicht mehr Personen befördert werden, als mit Sicherheitsgurten ausgerüstete Sitzplätze vorhanden sind. Abweichend von Satz 1 dürfen in Kraftfahrzeugen, für die Sicherheitsgurte nicht für alle Sitzplätze vorgeschrieben sind, so viele Personen befördert werden, wie Sitzplätze vorhanden sind. Die Sätze 1 und 2 gelten nicht in Kraftomnibussen, bei denen die Beförderung stehender Fahrgäste zugelassen ist. Es ist verboten, Personen mitzunehmen

1. auf Krafträdern ohne besonderen Sitz,
2. auf Zugmaschinen ohne geeignete Sitzgelegenheit oder
3. in Wohnanhängern hinter Kraftfahrzeugen.

(1a) Kinder bis zum vollendeten 12. Lebensjahr, die kleiner als 150 cm sind, dürfen in Kraftfahrzeugen auf Sitzen, für die Sicherheitsgurte vorgeschrieben sind, nur mitgenommen werden, wenn Rückhalteeinrichtungen für Kinder benutzt werden, die den in Artikel 2 Absatz 1 Buchstabe c der Richtlinie 91/671/EWG des Rates vom 16. Dezember 1991 über die Gurtanlegepflicht und die Pflicht zur Benutzung von Kinderrückhalteeinrichtungen in Kraftfahrzeugen (ABl. L 373 vom 31.12.1991, S. 26), der zuletzt durch Artikel 1 Absatz 2 der Durchführungsrichtlinie 2014/37/EU vom 27. Februar 2014 (ABl. L 59 vom 28.2.2014, S. 32) neu gefasst worden ist, genannten Anforderungen genügen und für das Kind geeignet sind. Abweichend von Satz 1

1. ist in Kraftomnibussen mit einer zulässigen Gesamtmasse von mehr als 3,5 t Satz 1 nicht anzuwenden,

2. dürfen Kinder ab dem vollendeten dritten Lebensjahr auf Rücksitzen mit den vorgeschriebenen Sicherheitsgurten gesichert werden, soweit wegen der Sicherung anderer Kinder mit Kinderrückhalteeinrichtungen für die Befestigung weiterer Rückhalteeinrichtungen für Kinder keine Möglichkeit besteht,

3. ist

a) beim Verkehr mit Taxen und

b) bei sonstigen Verkehren mit Personenkraftwagen, wenn eine Beförderungspflicht im Sinne des § 22 des Personenbeförderungsgesetzes besteht,

auf Rücksitzen die Verpflichtung zur Sicherung von Kindern mit amtlich genehmigten und geeigneten Rückhalteeinrichtungen auf zwei Kinder mit einem Gewicht ab 9 kg beschränkt, wobei wenigstens für ein Kind mit einem Gewicht zwischen 9 und 18 kg eine Sicherung möglich sein muss; diese Ausnahmeregelung gilt nicht, wenn eine regelmäßige Beförderung von Kindern gegeben ist.

(1b) In Fahrzeugen, die nicht mit Sicherheitsgurten ausgerüstet sind, dürfen Kinder unter drei Jahren nicht befördert werden. Kinder ab dem vollendeten dritten Lebensjahr, die kleiner als 150 cm sind, müssen in solchen Fahrzeugen auf dem Rücksitz befördert werden. Die Sätze 1 und 2 gelten nicht für Kraftomnibusse.

(2) Die Mitnahme von Personen auf der Ladefläche oder in Laderäumen von Kraftfahrzeugen ist verboten. Dies gilt nicht, soweit auf der Ladefläche oder in Laderäumen mitgenommene Personen dort notwendige Arbeiten auszuführen haben. Das Verbot gilt ferner nicht für die Beförderung von Baustellenpersonal innerhalb von Baustellen. Auf der Ladefläche oder in Laderäumen von Anhängern darf niemand mitgenommen werden. Jedoch dürfen auf Anhängern, wenn diese für land- oder forstwirtschaftliche Zwecke eingesetzt werden, Personen auf geeigneten Sitzgelegenheiten mitgenommen werden. Das Stehen während der Fahrt ist verboten, soweit es nicht zur Begleitung der Ladung oder zur Arbeit auf der Ladefläche erforderlich ist.

(3) Auf Fahrrädern dürfen Personen von mindestens 16 Jahre alten Personen nur mitgenommen werden, wenn die Fahrräder auch zur Personenbeförderung gebaut und eingerichtet sind. Kinder bis zum vollendeten siebten Lebensjahr dürfen auf Fahrrädern von mindestens 16 Jahre alten Personen mitgenommen

werden, wenn für die Kinder besondere Sitze vorhanden sind und durch Radverkleidungen oder gleich wirksame Vorrichtungen dafür gesorgt ist, dass die Füße der Kinder nicht in die Speichen geraten können. Hinter Fahrrädern dürfen in Anhängern, die zur Beförderung von Kindern eingerichtet sind, bis zu zwei Kinder bis zum vollendeten siebten Lebensjahr von mindestens 16 Jahre alten Personen mitgenommen werden. Die Begrenzung auf das vollendete siebte Lebensjahr gilt nicht für die Beförderung eines behinderten Kindes.

7.5 Siebtes Buch Sozialgesetzbuch (SGB VII)

Gesetzliche Unfallversicherung

vom 7. August 1996 (BGBl. I S. 1254),
zuletzt geändert durch Art. 2 des Gesetzes vom 9.7.2021
(BGBl. I S. 2506)

(Auszug)

Versicherter Personenkreis

§ 2 Versicherung kraft Gesetzes

(1) Kraft Gesetzes sind versichert

1. Beschäftigte,

2. Lernende während der beruflichen Aus- und Fortbildung in Betriebsstätten, Lehrwerkstätten, Schulungskursen und ähnlichen Einrichtungen,

3. Personen, die sich Untersuchungen, Prüfungen oder ähnlichen Maßnahmen unterziehen, die aufgrund von Rechtsvorschriften zur Aufnahme einer versicherten Tätigkeit oder infolge einer abgeschlossenen versicherten Tätigkeit erforderlich sind, soweit diese Maßnahmen vom Unternehmen oder einer Behörde veranlaßt worden sind,

4. behinderte Menschen, die in anerkannten Werkstätten für behinderte Menschen, bei einem anderen Leistungsanbieter nach § 60 des Neunten Buches oder in Blindenwerkstätten im Sinne des § 226 des Neunten Buches oder für diese Einrichtungen in Heimarbeit tätig sind,

5. Personen, die

a) Unternehmer eines landwirtschaftlichen Unternehmens sind und ihre im Unternehmen mitarbeitenden Ehegatten oder Lebenspartner,

b) im landwirtschaftlichen Unternehmen nicht nur vorübergehend mitarbeitende Familienangehörige sind,

c) in landwirtschaftlichen Unternehmen in der Rechtsform von Kapital- oder Personenhandelsgesellschaften regelmäßig wie Unternehmer selbständig tätig sind,

d) ehrenamtlich in Unternehmen tätig sind, die unmittelbar der Sicherung, Überwachung oder Förderung der Landwirtschaft überwiegend dienen,

e) ehrenamtlich in den Berufsverbänden der Landwirtschaft tätig sind,

wenn für das Unternehmen die landwirtschaftliche Berufsgenossenschaft zuständig ist.

6. Hausgewerbetreibende und Zwischenmeister sowie ihre mitarbeitenden Ehegatten oder Lebenspartner,

7. selbständig tätige Küstenschiffer und Küstenfischer, die zur Besatzung ihres Fahrzeugs gehören oder als Küstenfischer ohne Fahrzeug fischen und regelmäßig nicht mehr als vier Arbeitnehmer beschäftigen, sowie ihre mitarbeitenden Ehegatten oder Lebenspartner,

8.

a) Kinder während des Besuchs von Tageseinrichtungen, deren Träger für den Betrieb der Einrichtungen der Erlaubnis nach § 45 des Achten Buches oder einer Erlaubnis aufgrund einer entsprechenden landesrechtlichen Regelung bedürfen, während der Betreuung durch geeignete Tagespflegepersonen im Sinne von § 23 des Achten Buches sowie während der Teilnahme an vorschulischen Sprachförderungskursen, wenn die Teilnahme auf Grund landesrechtlicher Regelungen erfolgt,

b) Schüler während des Besuchs von allgemein- oder berufsbildenden Schulen und während der Teilnahme an unmittelbar vor oder nach dem Unterricht von der Schule oder im Zusammenwirken mit ihr durchgeführten Betreuungsmaßnahmen,

c) Studierende während der Aus- und Fortbildung an Hochschulen,

9. Personen, die selbständig oder unentgeltlich, insbesondere ehrenamtlich im Gesundheitswesen oder in der Wohlfahrtspflege tätig sind,

10. Personen, die

a) für Körperschaften, Anstalten oder Stiftungen des öffentlichen Rechts oder deren Verbände oder Arbeitsgemeinschaften, für die in den Nummern 2 und 8 genannten Einrichtungen oder für privatrechtliche Organisationen im Auftrag oder mit ausdrücklicher Einwilligung, in besonderen Fällen mit schriftlicher Genehmigung von Gebietskörperschaften ehrenamtlich tätig sind oder an Ausbildungsveranstaltungen für diese Tätigkeit teilnehmen,

b) für öffentlich-rechtliche Religionsgemeinschaften und deren Einrichtungen oder für privatrechtliche Organisationen im Auftrag oder mit ausdrücklicher Einwilligung, in besonderen Fällen mit schriftlicher Genehmigung von öffentlich-rechtlichen Religionsgemeinschaften ehrenamtlich tätig sind

...

Versicherungsfall (versicherte Tätigkeiten)

§ 7 Begriff

(1) Versicherungsfälle sind Arbeitsunfälle und Berufskrankheiten.

(2) Verbotswidriges Handeln schließt einen Versicherungsfall nicht aus.

§ 8 Arbeitsunfall

(1) Arbeitsunfälle sind Unfälle von Versicherten infolge einer den Versicherungsschutz nach § 2, 3 oder 6 begründenden Tätigkeit (versicherte Tätigkeit). Unfälle sind zeitlich begrenzte, von außen auf den Körper einwirkende Ereignisse, die zu einem Gesundheitsschaden oder zum Tod führen.

(2) Versicherte Tätigkeiten sind auch

1. das Zurücklegen des mit der versicherten Tätigkeit zusammenhängenden unmittelbaren Weges nach und von dem Ort der Tätigkeit,

2. das Zurücklegen des von einem unmittelbaren Weg nach und von dem Ort der Tätigkeit abweichenden Weges, um

a) Kinder von Versicherten (§ 56 des Ersten Buches), die mit ihnen in einem gemeinsamen Haushalt leben, wegen ihrer, ihrer Ehegatten oder ihrer Lebenspartner beruflichen Tätigkeit fremder Obhut anzuvertrauen oder

b) mit anderen Berufstätigen oder Versicherten gemeinsam ein Fahrzeug zu benutzen,

3. das Zurücklegen des von einem unmittelbaren Weg nach und von dem Ort der Tätigkeit abweichenden Weges der Kinder von Personen (§ 56 des Ersten Buches), die mit ihnen in einem gemeinsamen Haushalt leben, wenn die Abweichung darauf beruht, daß die Kinder wegen der beruflichen Tätigkeit dieser Personen oder deren Ehegatten oder deren Lebenspartner fremder Obhut anvertraut werden,

4. das Zurücklegen des mit der versicherten Tätigkeit zusammenhängenden Weges von und nach der ständigen Familienwohnung, wenn die Versicherten wegen der Entfernung ihrer Familienwohnung von dem Ort der Tätigkeit an diesem oder in dessen Nähe eine Unterkunft haben,

5. das mit einer versicherten Tätigkeit zusammenhängende Verwahren, Befördern, Instandhalten und Erneuern eines Arbeitsgeräts oder einer Schutzausrüstung sowie deren Erstbeschaffung, wenn diese auf Veranlassung der Unternehmer erfolgt.

(3) Als Gesundheitsschaden gilt auch die Beschädigung oder der Verlust eines Hilfsmittels.

Leistungen der Unfallversicherung

§ 26 Grundsatz

(1) Versicherte haben nach Maßgabe der folgenden Vorschriften und unter Beachtung des Neunten Buches Anspruch auf Heilbehandlung einschließlich Leistungen zur medizinischen Rehabilitation, auf Leistungen zur Teilhabe am Arbeitsleben und zur Sozialen Teilhabe, auf ergänzende

Leistungen, auf Leistungen bei Pflegebedürftigkeit sowie auf Geldleistungen. Die Leistungen werden auf Antrag durch ein Persönliches Budget nach § 29 des Neunten Buches erbracht; dies gilt im Rahmen des Anspruchs auf Heilbehandlung nur für die Leistungen zur medizinischen Rehabilitation.
...

Haftungsfreistellung, Rückgriff

§ 104 Beschränkung der Haftung der Unternehmer

(1) Unternehmer sind den Versicherten, die für ihre Unternehmen tätig sind oder zu ihren Unternehmen in einer sonstigen die Versicherung begründenden Beziehung stehen, sowie deren Angehörigen und Hinterbliebenen nach anderen gesetzlichen Vorschriften zum Ersatz des Personenschadens, den ein Versicherungsfall verursacht hat, nur verpflichtet, wenn sie den Versicherungsfall vorsätzlich oder auf einem nach § 8 Abs. 2 Nr. 1 bis 4 versicherten Weg herbeigeführt haben. Ein Forderungsübergang nach § 116 des Zehnten Buches findet nicht statt.

(2) Absatz 1 gilt entsprechend für Personen, die als Leibesfrucht durch einen Versicherungsfall im Sinne des § 12 geschädigt worden sind.

(3) Die nach Absatz 1 oder 2 verbleibenden Ersatzansprüche vermindern sich um die Leistungen, die Berechtigte nach Gesetz oder Satzung infolge des Versicherungsfalls erhalten.

§ 105 Beschränkung der Haftung anderer im Betrieb tätiger Personen

(1) Personen, die durch eine betriebliche Tätigkeit einen Versicherungsfall von Versicherten desselben Betriebs verursachen, sind diesen sowie deren Angehörigen und Hinterbliebenen nach anderen gesetzlichen Vorschriften zum Ersatz des Personenschadens nur verpflichtet, wenn sie den Versicherungsfall vorsätzlich oder auf einem nach § 8 Abs. 2 Nr. 1 bis 4 versicherten Weg herbeigeführt haben. Satz 1 gilt entsprechend bei der Schädigung von Personen, die für denselben Betrieb tätig und nach § 4 Abs. 1 Nr. 1 versicherungsfrei sind. § 104 Abs. 1 Satz 2, Abs. 2 und 3 gilt entsprechend.

(2) Absatz 1 gilt entsprechend, wenn nicht versicherte Unternehmer geschädigt worden sind. Soweit nach Satz 1 eine Haftung ausgeschlossen ist, werden die Unternehmer wie Versicherte, die einen Versicherungsfall erlitten haben,

behandelt, es sei denn, eine Ersatzpflicht des Schädigers gegenüber dem Unternehmer ist zivilrechtlich ausgeschlossen. Für die Berechnung von Geldleistungen gilt der Mindestjahresarbeitsverdienst als Jahresarbeitsverdienst. Geldleistungen werden jedoch nur bis zur Höhe eines zivilrechtlichen Schadenersatzanspruchs erbracht.

§ 106 Beschränkung der Haftung anderer Personen

(1) In den in § 2 Abs. 1 Nr. 2, 3 und 8 genannten Unternehmen gelten die §§ 104 und 105 entsprechend für die Ersatzpflicht

1. der in § 2 Abs. 1 Nr. 2, 3 und 8 genannten Versicherten untereinander,

2. der in § 2 Abs. 1 Nr. 2, 3 und 8 genannten Versicherten gegenüber den Betriebsangehörigen desselben Unternehmens,

3. der Betriebsangehörigen desselben Unternehmens gegenüber den in § 2 Abs. 1 Nr. 2, 3 und 8 genannten Versicherten.

(2) Im Fall des § 2 Abs. 1 Nr. 17 gelten die §§ 104 und 105 entsprechend für die Ersatzpflicht

1. der Pflegebedürftigen gegenüber den Pflegepersonen,

2. der Pflegepersonen gegenüber den Pflegebedürftigen,

3. der Pflegepersonen desselben Pflegebedürftigen untereinander.

(3) Wirken Unternehmen zur Hilfe bei Unglücksfällen oder Unternehmen des Zivilschutzes zusammen oder verrichten Versicherte mehrerer Unternehmen vorübergehend betriebliche Tätigkeiten auf einer gemeinsamen Betriebsstätte, gelten die §§ 104 und 105 für die Ersatzpflicht der für die beteiligten Unternehmen Tätigen untereinander.

(4) Die §§ 104 und 105 gelten ferner für die Ersatzpflicht von Betriebsangehörigen gegenüber den nach § 3 Abs. 1 Nr. 2 Versicherten.

§ 110 Haftung gegenüber den Sozialversicherungsträgern

(1) Haben Personen, deren Haftung nach den §§ 104 bis 107 beschränkt ist, den Versicherungsfall vorsätzlich oder grob fahrlässig herbeigeführt, haften sie den Sozialversicherungsträgern für die infolge des Versicherungsfalls entstandenen Aufwendungen, jedoch nur bis zur Höhe des zivilrechtlichen Schadenersatzanspruchs. Statt der Rente kann der Kapitalwert gefordert

werden. Das Verschulden braucht sich nur auf das den Versicherungsfall verursachende Handeln oder Unterlassen zu beziehen.

(1a) Unternehmer, die Schwarzarbeit nach § 1 des Schwarzarbeitsbekämpfungsgesetzes erbringen und dadurch bewirken, dass Beiträge nach dem Sechsten Kapitel nicht, nicht in der richtigen Höhe oder nicht rechtzeitig entrichtet werden, erstatten den Unfallversicherungsträgern die Aufwendungen, die diesen infolge von Versicherungsfällen bei Ausführung der Schwarzarbeit entstanden sind. Eine nicht ordnungsgemäße Beitragsentrichtung wird vermutet, wenn die Unternehmer die Personen, bei denen die Versicherungsfälle eingetreten sind, nicht nach § 28a des Vierten Buches bei der Einzugsstelle oder der Datenstelle der Rentenversicherung angemeldet hatten.

(2) Die Sozialversicherungsträger können nach billigem Ermessen, insbesondere unter Berücksichtigung der wirtschaftlichen Verhältnisse des Schuldners, auf den Ersatzanspruch ganz oder teilweise verzichten.

7.6 Versicherungsvertragsgesetz (VVG)

vom 23. November 2007 (BGBl. I S. 2631),
zuletzt geändert durch Art. 4 des Gesetzes vom 11.7.2021
(BGBl. I S. 2754)

(Auszug)

§ 100 Leistung des Versicherers

Bei der Haftpflichtversicherung ist der Versicherer verpflichtet, den Versicherungsnehmer von Ansprüchen freizustellen, die von einem Dritten auf Grund der Verantwortlichkeit des Versicherungsnehmers für eine während der Versicherungszeit eintretende Tatsache geltend gemacht werden, und unbegründete Ansprüche abzuwehren.

§ 101 Kosten des Rechtsschutzes

(1) Die Versicherung umfasst auch die gerichtlichen und außergerichtlichen Kosten, die durch die Abwehr der von einem Dritten geltend gemachten Ansprüche entstehen, soweit die Aufwendung der Kosten den Umständen nach geboten ist. Die Versicherung umfasst ferner die auf Weisung des Versicherers

aufgewendeten Kosten der Verteidigung in einem Strafverfahren, das wegen einer Tat eingeleitet wurde, welche die Verantwortlichkeit des Versicherungsnehmers gegenüber einem Dritten zur Folge haben könnte. Der Versicherer hat die Kosten auf Verlangen des Versicherungsnehmers vorzuschießen.

(2) Ist eine Versicherungssumme bestimmt, hat der Versicherer die Kosten eines auf seine Veranlassung geführten Rechtsstreits und die Kosten der Verteidigung nach Absatz 1 Satz 2 auch insoweit zu ersetzen, als sie zusammen mit den Aufwendungen des Versicherers zur Freistellung des Versicherungsnehmers die Versicherungssumme übersteigen. Dies gilt auch für Zinsen, die der Versicherungsnehmer infolge einer vom Versicherer veranlassten Verzögerung der Befriedigung des Dritten diesem schuldet.

(3) Ist dem Versicherungsnehmer nachgelassen, die Vollstreckung einer gerichtlichen Entscheidung durch Sicherheitsleistung oder Hinterlegung abzuwenden, hat der Versicherer die Sicherheitsleistung oder Hinterlegung zu bewirken. Diese Verpflichtung besteht nur bis zum Betrag der Versicherungssumme; ist der Versicherer nach Absatz 2 über diesen Betrag hinaus verpflichtet, tritt der Versicherungssumme der Mehrbetrag hinzu. Der Versicherer ist von der Verpflichtung nach Satz 1 frei, wenn er den Anspruch des Dritten dem Versicherungsnehmer gegenüber als begründet anerkennt.

§ 102 Betriebshaftpflichtversicherung

(1) Besteht die Versicherung für ein Unternehmen, erstreckt sie sich auf die Haftpflicht der zur Vertretung des Unternehmens befugten Personen sowie der Personen, die in einem Dienstverhältnis zu dem Unternehmen stehen. Die Versicherung gilt insoweit als für fremde Rechnung genommen.

(2) Wird das Unternehmen an einen Dritten veräußert oder auf Grund eines Nießbrauchs, eines Pachtvertrags oder eines ähnlichen Verhältnisses von einem Dritten übernommen, tritt der Dritte an Stelle des Versicherungsnehmers in die während der Dauer seiner Berechtigung sich aus dem Versicherungsverhältnis ergebenden Rechte und Pflichten ein. § 95 Abs. 2 und 3 sowie die §§ 96 und 97 sind entsprechend anzuwenden.

§ 103 Herbeiführung des Versicherungsfalls

Der Versicherer ist nicht zur Leistung verpflichtet, wenn der Versicherungsnehmer vorsätzlich und widerrechtlich den bei dem Dritten eingetretenen Schaden herbeigeführt hat.

§ 104 Anzeigepflicht des Versicherungsnehmers

(1) Der Versicherungsnehmer hat dem Versicherer innerhalb einer Woche die Tatsachen anzuzeigen, die seine Verantwortlichkeit gegenüber einem Dritten zur Folge haben könnten. Macht der Dritte seinen Anspruch gegenüber dem Versicherungsnehmer geltend, ist der Versicherungsnehmer zur Anzeige innerhalb einer Woche nach der Geltendmachung verpflichtet.

(2) Wird gegen den Versicherungsnehmer ein Anspruch gerichtlich geltend gemacht, Prozesskostenhilfe beantragt oder wird ihm gerichtlich der Streit verkündet, hat er dies dem Versicherer unverzüglich anzuzeigen. Dies gilt auch, wenn gegen den Versicherungsnehmer wegen des den Anspruch begründenden Schadensereignisses ein Ermittlungsverfahren eingeleitet wird.

(3) Zur Wahrung der Fristen nach den Absätzen 1 und 2 genügt die rechtzeitige Absendung der Anzeige. § 30 Abs. 2 ist entsprechend anzuwenden.

7.7 Infektionsschutzgesetz

vom 20. Juli 2000 (BGBl. I S. 1045),
zuletzt geändert durch Art. 9 des Gesetzes vom 16.7.2021
(BGBl. I S. 2947)

(Auszug)

§ 1 Zweck des Gesetzes

(1) Zweck des Gesetzes ist es, übertragbaren Krankheiten beim Menschen vorzubeugen, Infektionen frühzeitig zu erkennen und ihre Weiterverbreitung zu verhindern.

(2) Die hierfür notwendige Mitwirkung und Zusammenarbeit von Behörden des Bundes, der Länder und der Kommunen, Ärzten, Tierärzten, Krankenhäusern, wissenschaftlichen Einrichtungen sowie sonstigen Beteiligten soll entsprechend dem jeweiligen Stand der medizinischen und epidemiologischen Wissenschaft und Technik gestaltet und unterstützt werden. Die Eigenverantwortung der Träger und Leiter von Gemeinschaftseinrichtungen, Lebensmittelbetrieben, Gesundheitseinrichtungen sowie des Einzelnen bei der Prävention übertragbarer Krankheiten soll verdeutlicht und gefördert werden.

Stichwortverzeichnis